T0279149

Convence sin abrir la boca

Convence sin abrir la boca

Claves del lenguaje no verbal
para persuadir a cualquier audiencia

JORDI RECHE

CONECTA

Papel certificado por el Forest Stewardship Council®

Primera edición: marzo de 2023

© 2023, Jordi Reche
© 2023, Penguin Random House Grupo Editorial, S. A. U.
Travessera de Gràcia, 47-49. 08021 Barcelona
© Miquel Tejedo, por las imágenes de las pp. 213-221
© Shutterstock y iStock, por las imágenes

Printed in Spain — Impreso en España

ISBN: 978-84-17992-90-3
Depósito legal: B-804-2023

Compuesto en M. I. Maquetación, S. L.

Impreso en Black Print CPI Ibérica
Sant Andreu de la Barca (Barcelona)

CN 9 2 9 0 3

Para Álex y Aritz.
Vuestro gesto más pequeño alegra el día y la vida entera

Índice

Introducción

El 26 de septiembre de 1960 ocurrió algo que explica muy bien la importancia del lenguaje no verbal y que a la vez sirvió para que todo el mundo lo tuviera presente como herramienta para comunicar, persuadir y enviar mensajes más efectivos.

Ese día John F. Kennedy y Richard Nixon se enfrentaban en un debate muy especial durante la campaña electoral para la presidencia de Estados Unidos: iba a ser el primer debate televisado de la historia.

Kennedy estaba decidido a aprovechar al máximo el hecho de que ese día su imagen llegaría al público, junto con su voz, a través de la televisión. Preparó a conciencia la expresión corporal de sus intervenciones. Hizo por mostrarse seguro y confiado, afable y cercano. Tuvo en cuenta qué comunicaría su cuerpo tanto mientras hablaba como mientras lo enfocaban durante las intervenciones de su contrincante.

Además, al hecho de tener ya de por sí una imagen mejor que la de su rival le sumó que ese día había tomado el sol por la mañana para mejorar el color de su piel. Utilizó un traje oscuro que contrastaba con el fondo gris (la tele por aquel entonces era en blanco y negro) y no tuvo ningún reparo en ponerse maquillaje.

Nixon, por su parte, no consideró ningún aspecto relacionado con la imagen que iba a proyectar. Al fin y al cabo, los americanos lo atenderían como hacían siempre que intervenía por la radio y subestimó, o directamente despreció, el factor visual. Sus posturas a la hora de hablar desde el atril eran muy rígidas y sus expresiones faciales muy serias, y a menudo parecía enfadado. Además, hacía poco se había sometido a una operación de rodilla y lucía un aspecto dolorido y torpe al moverse, se le veía incómodo en su asiento mientras hablaba Kennedy. Es probable que tampoco se parara ni un segundo a pensar cómo mostrarse ante las cámaras durante las intervenciones de su oponente. Por último, rechazó maquillarse y vistió un traje gris que le hacía diluirse en el fondo.

En definitiva, preparó el debate como si fuera uno de tantos en los que había participado, de los que se emitían solo por la radio. Puso todo el foco en la elección de las palabras, en cómo verbalizar sus mensajes. Apenas dio importancia a su imagen o a la expresión corporal que adoptaría a lo largo del debate.

El resultado fue toda una sorpresa: los que habían escuchado el debate por la radio estaban convencidos de que Nixon había vencido, pero los que lo siguieron por la televisión no tuvieron ninguna duda de que había ganado Kennedy, quien a la postre terminó siendo el vencedor de las elecciones.

Poco tiempo después, Nixon reconoció haberse equivocado por no haber preparado nada relacionado con lo que comunicaba su imagen en ese debate, y recomendó a todos los demás políticos que hicieran caso a sus asesores de comunicación e imagen a partir de ese momento.

Ese fue el origen de lo que acabó consolidándose entre los líderes de todas las partes del mundo: el estudio, la preparación y el cuidado del lenguaje no verbal sería una pieza de máxima importancia para cualquier persona que quisiera comunicar mejor.

Este tema hoy está más vivo y parece más atractivo que nunca.

A diario se consume infinidad de contenido relacionado: en libros, redes sociales, programas de televisión y radio, e incluso series de televisión. A menudo, entre los artículos más leídos de los periódicos se cuela algún análisis del lenguaje no verbal de los personajes involucrados en algún acontecimiento señalado.

Porque las personas cada vez vemos a más personas comunicando. Ya no es como antes de internet, cuando, más allá de la gente con la que nos relacionábamos en nuestra vida cotidiana, apenas veíamos a algún presentador en la televisión un rato al día. Ahora consumimos toneladas de contenido y, de manera más o menos consciente, somos cada vez mejores a la hora de diferenciar entre los que comunican bien y los que no. Los que son atrayentes, persuasivos e influyentes y los que no. Y entre los que dominan el lenguaje no verbal y los que no.

Cada vez sentimos una necesidad mayor de aprender sobre la comunicación no verbal. Porque es un mundo fascinante y vamos haciéndonos conscientes de cómo podemos mejorar muchos aspectos de nuestra vida si dominamos el uso del lenguaje no verbal y somos capaces de leerlo en otros.

Llevo más de veinte años ayudando a comunicar mejor a personas, a equipos de trabajo, a empresas e instituciones públicas y privadas de casi todos los sectores. Poder hacerlo ahora a través de este libro me hace enormemente feliz y espero que tú disfrutes tanto leyéndolo como yo escribiéndolo. Muchas gracias por estar aquí, y bienvenido.

¿De qué va este libro?

Convence sin abrir la boca va del lenguaje del cuerpo, de los gestos. De las emociones, de las expresiones. De la imagen que transmitimos.

Del sistema de comunicación que los humanos hemos utilizado desde el principio de los tiempos. De todo lo que no son palabras. Porque decimos más sin decir que diciendo. Porque el cuerpo es incontrolable. No le gusta mentir ni disimular o enmascarar emociones. Hace por encontrar siempre la manera de transmitir estados de ánimo, pensamientos, sensaciones, emociones.

Porque las palabras tienen un impacto menor en la comunicación en comparación con el que tiene todo lo que transmitimos sin palabras en la mayoría de las situaciones. Gran parte de nuestros mensajes se reciben, se procesan, se interpretan y se recuerdan por lo que las personas ven, por lo que reciben de lenguaje no verbal; mucho más que por lo que escuchan.

Imagina que fueras capaz de dominar este lenguaje para sacar partido de su impacto en tus interlocutores. En este libro hablaremos de cómo utilizar todo su potencial para que seas más convincente, más persuasivo y que envíes mensajes mejores y más claros. Al fin y al cabo, llevas conociendo, utilizando e interpretando el lenguaje no verbal toda tu vida, pero ahora puedes sacarle un rendimiento que pocas personas logran.

Veremos qué significa cada gesto, por qué los hacemos y cómo interpretarlos tanto en nosotros mismos como en nuestros interlocutores; así entenderemos los mensajes que manda nuestro cuerpo y el de las personas que nos rodean, y obtendremos una valiosísima información que difícilmente podríamos obtener de otra manera. Todo ello nos servirá para entender y conectar mejor con las personas.

Este es un libro que no pretende profundizar en aspectos excesivamente técnicos ni perderse en explicaciones demasiado complejas. Emplea un lenguaje claro, directo, práctico y accesible, para que todo el mundo pueda aprender y conocer más sobre el lenguaje no verbal.

A la hora de llevar a la práctica los contenidos de este libro, para analizar o considerar tanto tu lenguaje no verbal como el de los demás, deberás tener siempre en cuenta una serie de aspectos que afectan a todos los contenidos expuestos. Que el uso y la lectura del lenguaje no verbal debe realizarse en contexto y en conjunto, no de manera aislada. Que existen decenas de factores que debes sopesar antes de sacar conclusiones a la hora de analizar tu lenguaje no verbal o el de cualquiera. Que, sobre todo, tienes que examinar el lenguaje corporal de las personas cuando algo cambia en su cuerpo, cuando reaccionan a algo que acaba de pasar o se adaptan a una situación nueva. Tómate la información que recibes como pistas o indicios que te proporcionarán más información sobre las personas, pero no como verdades absolutas e inamovibles.

De todo ello hablaremos a lo largo de los diez capítulos que conforman *Convence sin abrir la boca*.

¿Para qué te servirá este libro?

Convence sin abrir la boca te servirá para comunicar mejor. Para reforzar tu mensaje hablado con tu cuerpo y tu gestualidad. Para ser más convincente y persuasivo. Para causar mejor impresión y transmitir mayor seguridad y confianza en todo aquello que expresas en cualquier entorno laboral o personal.

Para tener más información sobre todo lo que te rodea. Para obtener información a través de lo que las personas comunican con su cuerpo sin que sean conscientes de ello.

Para que no te engañen al generar en ti una primera impresión ideada a conciencia. Para que no des cosas por hecho como hace casi todo el mundo en algún momento.

Para identificar y saber qué significan algunos gestos que hacen las personas con las que hablas y que hasta ahora ignorabas o no tenías en cuenta conscientemente.

Para detectar incongruencias, que es la mejor forma de cazar a alguien que pretende engañarnos o autoengañarse, de manera consciente o no. Para que seas capaz de leer en el cuerpo de alguien una inseguridad evidente por muy seguro que te diga que está.

Para tener una mayor conciencia de tu cuerpo y descubrir qué puedes lograr mejorando tu modo de utilizarlo al comunicar: sentirte mejor, acercar un estado mental negativo a uno positivo, generar autoconfianza y un largo etcétera que iremos viendo a lo largo de este libro. Porque no solo el cerebro manda en el cuerpo, ocurre también al contrario.

Para leer en el cuerpo de las personas y obtener información que han decidido no darte u ocultarte. Para que tengas indicios o pistas que te sirvan para ponerte en alerta o, como mínimo, valorar si te están mintiendo y poner en duda lo que acabas de escuchar. Para que no le des a una información toda la veracidad que la otra persona desea que le des. Para que identifiques cuándo una mirada, un parpadeo o un gesto con la boca pueden ser indicativos de que tal vez están intentando colártela.

Para tener mejores relaciones. Para que seas más empático y capaz de comprender a quienes te rodean, y que a la vez tengas herramientas para descifrar realmente cómo reaccionan a lo que tú dices o propones.

Para conectar mejor con las personas y a la vez saber si estas se sienten conectadas contigo o no.

Para que seas consciente de cómo reacciona tu cuerpo y qué transmite en una situación de negatividad, y que puedas controlarlo y mejorar tu imagen.

Para que tengas herramientas para poner en práctica a la hora de generar una buena primera impresión con las personas: desde el saludo inicial a qué comunicas en los primeros momentos de tu interacción con ellas.

Para percibir qué tipo de relación tienen o quieren tener contigo las personas de tu entorno. Para que puedas utilizar, por ejemplo, la información que te da una persona al abrazarte para saber su nivel de cariño hacia ti.

Para comunicar mejor los mensajes que envíes en fotos o vídeos. Para que tus fotos de perfil, grupales o los vídeos que cuelgas en tus redes sean más efectivos. Para conocer cuál es la postura que tienes que adoptar en una foto de perfil profesional para comunicar a la vez cercanía, seguridad y confianza. Para saber cuál es el mejor encuadre, el que te hace parecer más convincente y persuasivo en una videoconferencia.

Para detectar las emociones reales de una persona más allá de lo que nos cuente con sus palabras. Para diferenciar entre sonrisas auténticas y sonrisas falsas. Para ser capaz de distinguir qué emociones son impostadas, exageradas o directamente falsas.

Para desempeñarte mejor en tu trabajo. Para que seas más convincente a la hora de vender, de resolver conflictos, de relacionarte con tus compañeros, de conducir o asistir a reuniones, de liderar a personas. Para que sepas que tu poder de persuasión puede aumentar de manera significativa si mejoras tu lenguaje no verbal.

Para que no te la cuelen tan a la ligera, desde los grandes medios de comunicación hasta la industria cinematográfica o un político cualquiera. Para que sepas cómo todos ellos utilizan el lenguaje no verbal para enviar a tu inconsciente mensajes directos que acabas comprando sin pestañear.

Para aumentar tu capacidad de seducción. Para que sepas utilizar y tener recursos de lenguaje no verbal que te ayuden a llegar mejor a las personas. Para que sepas leer en el cuerpo de las personas con las que te relacionas y detectar si te están enviando mensajes de seducción, inconscientes o no, y si estás llamando su atención positivamente o no.

Para saber cómo empezar a leer y tener el lenguaje no verbal presente, tanto el tuyo como el de las personas con las que te relacionas. Para ser capaz de ir procesando las señales que ves sin que ello te distraiga o te haga perder el hilo de la conversación o de lo que estés viviendo.

Para escuchar mejor y saber crear un ambiente más propicio para que las otras personas se sientan bien al hablarte. Para saber qué gestualidades adoptar para que las personas con las que hablamos se sientan cómodas, y saber que existen pequeños detalles que pueden marcar la diferencia para que alguien decida abrirse del todo a nosotros o no.

Para que te resulte divertido mirar a los demás y jugar a adivinar qué sienten por las personas con las que están, en la tele, en el trabajo o en una cafetería. Para que tengas pistas de qué tipo de relación tienen las personas entre ellas.

Para que mejore tu relación contigo mismo, porque, si eres capaz de leer en tu cuerpo la reacción que algo te provoca y ni siquiera tú te habías dado cuenta, te servirá para conocerte mejor, para redescubrir tu yo más auténtico.

Para que te lo pases bien leyéndolo y sientas que ha valido la pena. ☺

¿Para quién es este libro?

Convence sin abrir la boca es para:

- Quien quiera aprender a comunicar mejor, a ser más persuasivo y convincente.

- Quien quiera mejorar en su trabajo o en su centro de estudios, así como en sus relaciones sociales.
- Quien quiera tener mejor relación consigo mismo y con las personas que lo rodean.
- Quien quiera entender mejor el mundo que lo rodea, ser más consciente de qué ocurre realmente a su alrededor.
- Quien tenga curiosidad por algo que en cierta manera conoce desde siempre, pero quiere elevar a un nivel superior.

Este libro está escrito en masculino genérico, pero, salvo cuando se hace una diferenciación explícita, todos y cada uno de los elementos tratados y descritos sirven tanto para hombres como para mujeres.

1

Tú comunicando

Tu lenguaje no verbal es la suma de dos factores: tú y el entorno en el que te encuentras. Tu personalidad, estado de ánimo, valores, experiencias y creencias impactan y determinan cómo son tus gestos, tus corporalidades y las señales físicas que envías. Pero, al mismo tiempo, el entorno también te influye: por cómo te sientes en él, por lo que ocurre (u ocurrirá) o por las personas que están presentes. Tiene la capacidad de alterar en mayor o menor medida la manera en que utilizas tu cuerpo cuando comunicas. Para bien o para mal. Al tomar conciencia de todos estos factores, podrás utilizar mejor tu lenguaje corporal.

Porque, a la hora de comunicar, tu lenguaje no verbal condicionará en gran medida la calidad y el impacto de tus mensajes, así como las sensaciones que despiertas en tus interlocutores. Con independencia de las razones por las que hagas cualquier gesto o expresión, es posible que quien esté atento saque sus propias conclusiones: tal vez necesites rascarte la cara con frecuencia por razones dermatológicas o te encuentres cómodo estando siempre de brazos cruzados, pero debes considerar que muchos pensarán de forma inconsciente que tal vez te sientas nervioso en el primer caso o cerrado, bloqueado, en el segundo. Tener un control consciente de todo tu lenguaje no verbal te ayudará a evitar esto.

Dominar la expresión corporal puede elevar tu comunicación a otro nivel. Si eres consciente de la importancia de tu gestualidad sobre tus interlocutores, podrás enviar mensajes más claros, más creíbles y convincentes. Serás, en definitiva, más persuasivo.

Se trata de tener un buen lenguaje no verbal y, sobre todo, de que este sea congruente con lo que comunicamos. Porque, si lo que decimos va en una dirección, pero nuestro cuerpo va en otra, levantaremos sospechas en nuestros interlocutores y es posible que perdamos credibilidad. Nadie se fiaría, por ejemplo, de un piloto de avión que saliera a hablar a los pasajeros durante un vuelo para decirles que no se preocupen por las turbulencias que están a punto de experimentar, que él controla la situación, mientras su cuerpo no para de agitarse y temblar a la vez que se lleva las manos a la cabeza.

Trabajar la corporalidad hará que aumentes la sensación de control, de confianza y de seguridad. Además, estarás centrado y trabajando en algo en lo que, pese a la importancia capital que tiene en la comunicación, poca gente se fija a la hora de preparar sus conversaciones, reuniones o presentaciones, y que todavía menos gente tiene en cuenta cuando ya ha empezado ese acto comunicativo.

Por todo ello, en este capítulo veremos cómo ser conscientes de nuestro lenguaje verbal cuando estamos comunicando y cómo controlarlo. Que veamos de qué manera nosotros mismos y nuestro entorno lo condicionamos. Que hagamos un buen uso de la gesticulación y que esta nos ayude a elaborar mensajes más entendibles y memorables. Que sepamos cómo repartirnos el territorio con nuestros interlocutores y que ello redunde en nuestro beneficio. Cómo gestionar la distancia, la orientación hacia las otras personas, el contacto físico o visual. Todo influye. Porque todo comunica, es imposible no comunicar.

Como decía Oscar Wilde, «No existe una segunda oportunidad de crear una buena primera impresión». Unos pocos segundos son suficientes para que alguien se cree una primera impresión de ti. Esa imagen condicionará, para bien o para mal, la opinión que ese alguien empiece a forjarse. Y no siempre tendrás la oportunidad de reconducir o cambiar la primera mala impresión que hayas podido generar en otra persona.

Además, actuamos tomando como referencia lo que vemos. Es muy probable que tengas mucho cuidado de no ensuciar un coche al que te subes si está impoluto, pero que no hagas lo mismo si entras en uno sucio. De igual manera, seguro que te genera más confianza un técnico que va a arreglar cualquier cosa a tu casa provisto de un arsenal de herramientas que otro que se presenta con apenas un destornillador y una llave inglesa. O creerás que alguien que va por el trabajo con una hoja de papel en la mano anda muy ocupado (sin preguntarte siquiera si se trata de un simple papel en blanco), mientras que si ves a alguien andando sin nada pensarás que está paseándose.

Porque una imagen vale más que mil palabras, y debes aprovecharte de ello para enviar mensajes mejores. Si puedes comunicar algo con una imagen potente (por supuesto, puedes utilizar tu cuerpo para ello), hazlo, porque el impacto que tendrá en tus interlocutores y la fuerza con la que lo recordarán serán infinitamente mayores que los que puedes generar con palabras. No es casualidad que, por ejemplo, Steve Jobs, el fundador y líder de Apple, representara de manera visual las ventajas o innovaciones de sus nuevos productos.

En 1999, Jobs pasó un *hula hoop* alrededor de un nuevo ordenador portátil para que todo el mundo viera que había llegado el primer dispositivo que podía conectarse a internet sin cables. En 2005 presentó al mundo el iPod nano, un reproductor de música, sacándoselo del bolsillo pequeño del pantalón para que todo el mundo viera lo pequeño y compacto que era. Y en 2008 presentó su nuevo ordenador portátil ultracompacto extrayéndolo de un sobre de papel para evidenciar su delgadez.

Cuida qué dice tu imagen, tu corporalidad. Qué impacto tiene, de forma inconsciente, en tus interlocutores. Si es congruente o no con el mensaje que quieres transmitir. Si te beneficia o te perjudica. Ten en cuenta qué asociaciones establecemos sin ser conscientes de ello. Es lo que veremos en las siguientes páginas.

Engañando al cerebro: al mal tiempo buena cara

Tenemos la creencia de que nuestro cerebro, nuestros pensamientos, nuestros estados de ánimo y nuestros sentimientos son los que hacen que adoptemos una corporalidad u otra, como si el cuerpo fuera solo un mero reflejo de cómo nos sentimos por dentro. Y es cierto: si, por ejemplo, pasamos por un momento bajo de ánimo y se suceden en nosotros los pensamientos negativos, el cuerpo lo manifestará a modo de reflejo: posturas cerradas, gestos de encogimiento, andar cabizbajo y a pasos lentos, etc.

Pero ocurre también al revés: existen corporalidades que puedes adoptar para que impacten de inmediato de forma positiva en tu cerebro y lo «reprogramen», que acerquen un estado de ánimo negativo a uno positivo en mayor o menor medida. Se trata de posturas que generan en nuestro cuerpo la proliferación de agentes químicos que contribuyen al bienestar físico y emocional.

Si andas así:

- mirada al frente
- mentón ligeramente hacia arriba
- cabeza alta
- espalda recta y erguida
- pecho hacia delante
- hombros hacia atrás
- paso firme y decidido

... seguro que enseguida empiezas a notar un mejor estado anímico general o una mayor predisposición para hacer lo que tengas que hacer.

Por el contrario, si sueles andar así:

- cabizbajo
- pasos lentos, cortos y pesados
- encorvado, con los hombros metidos para dentro
- brazos recogidos y pegados al cuerpo

... lograrás potenciar cualquier negatividad que estés sintiendo o generarla si no la había.

A su vez, el efecto contagio que se creará en tus interlocutores dependerá en gran parte de tu corporalidad, así como la imagen que se creen de ti y las expectativas que puedan generar. Imagina, por ejemplo, a un profesor de instituto, ya cansado de dar clases toda la semana, minutos antes de entrar a su última hora del viernes. Si entra a clase reflejando en el cuerpo su estado de ánimo interno (arrastrando los pies, con la espalda encorvada y la cabeza agachada), lo más probable es que nada más verlo no haya ni un solo alumno que tenga ganas de recibir esa clase, ya que todos esperarán una clase al nivel del lenguaje no verbal de su profesor —apático, desganado, desmotivado—. Pero si ese profesor se autoimpone una sonrisa y una buena expresión corporal abierta y dinámica, tanto el impacto que este gesto tendrá en él como el que imprimirá en sus alumnos contribuirán, sin ninguna duda, a que las expectativas que todos se hagan de esa última clase de la semana sean mejores, y de este modo se pongan a trabajar más animados.

Esta adopción forzada, deliberada y consciente de una corporalidad positiva ante una adversidad puede resultarte de ayuda en otros escenarios. Por ejemplo, está demostrado que si adoptas durante un tiempo posturas expansivas, por ejemplo antes de salir a hablar en público, vas a condicionar positivamente tu cerebro para sentirte más capaz y menos alarmado. La mejor postura que puedes poner es la de Superman o Superwoman: cabeza erguida, mentón arriba, espalda atrás, pecho hacia fuera, brazos en jarra y piernas separadas. Corre de tu parte procurar hacerlo en la intimidad o en un espacio cerrado ajeno al lugar donde vayas a salir a hablar.

Por todo ello, es capital que intentemos tener siempre conciencia del comportamiento de nuestro cuerpo, tanto a nuestro favor como para el impacto que generamos en nuestros interlocutores.

Gestos

El conjunto de tus gestos configurará cómo es tu lenguaje no verbal a la hora de comunicar. En este capítulo trataremos de que conozcas cómo utilizarlos a tu favor y cómo ser consciente de ellos en situaciones en las que puedes estar perdiendo el control. Veremos también la manera de utilizarlos para que te proporcionen sensación de confort y control de la situación.

Gestos de apertura

Podemos comunicar seguridad en nosotros mismos y en nuestro entorno a través de los gestos de apertura.

Los gestos abiertos y, por tanto, expansivos son los que haces cuando muestras las manos, sobre todo las palmas. Cuando abres y, en menor o mayor medida, estiras los brazos y muestras el tronco, tienes la seguridad y la confianza para sentir que puedes exponer todo el cuerpo sin temor a ningún elemento externo.

Al hacer este tipo de gestos, mandas un mensaje de comodidad a tus interlocutores. Despejas el camino entre tú y la persona con la que te comunicas. Envías el mensaje de que eres accesible y estás abierto y dispuesto a un intercambio comunicativo. Es probable que quienes lo perciban, a su vez, se muestren más receptivos y conectados contigo, más dispuestos a escucharte también. La gente tiende a validar y valorar mejor a los oradores que emplean un lenguaje corporal abierto.

Este tipo de gestos, además, cuenta con un valor añadido: te permite ocupar con naturalidad el espacio que te rodea. Mostrarse cómodo a la hora de ocupar el espacio de una silla, un escenario, una clase o una sala de reuniones es propio de quien siente confianza y seguridad, y es algo que también percibe quien está escuchando.

> Si de manera normal o regular no adoptas este tipo de gestos abiertos, puedes intentar, paulatinamente, ir poniéndolos en práctica. Cada vez te sentirás mejor y más cómodo al hacerlo, y así lograrás mejorar la imagen que proyectas.

GESTOS DE CIERRE

En momentos de timidez, incomodidad o vergüenza ocurrirá justo lo contrario de lo que indicábamos en el apartado anterior: tu cuerpo pretenderá ocupar el mínimo espacio, exponerse lo mínimo y,

por tanto, pasar inadvertido. El cuerpo reacciona de manera instintiva encogiéndose y protegiéndose, bloqueando cualquier peligro, ataque, amenaza o estímulo negativo que se presente. Esta protección acostumbra a manifestarse en gestos de cierre, como agachar la cabeza, cerrar los brazos, encoger los hombros y encorvar la espalda. Al hacerlo, protegemos nuestras partes más vulnerables, como pueden ser la cabeza, el pecho y el vientre.

Si un proceso de comunicación representa una amenaza o un peligro para ti, es muy probable que de forma inconsciente hagas algunos de estos gestos, pues el cerebro y el cuerpo actúan y responden a una amenaza. Pero también puede pasarte cuando estás en desacuerdo con algo que acabas de ver u oír: tu cuerpo reaccionará cerrándose en sí mismo, bloqueando el estímulo externo negativo. Esto puede pasarte al hablar en público, al reunirte con un superior o al enfrentarte a alguien a quien temes. También cuando escuchas algo que no te gusta. Estos gestos serán más o menos evidentes o perceptibles. Sin embargo, que los demás hayan aprendido a detectar estos gestos de cierre y que los relacionen con algún tipo de rechazo puede suponerte un problema.

Tal vez para alguien sea más cómodo adoptar posturas de cierre y esta sea su línea de comportamiento habitual. En ese caso, no deberías tener esos gestos en cuenta cuando trates de interpretar su lenguaje corporal, incluso aunque te resultara más cómodo hablar con esa persona si no los hiciera. Pero fíjate sobre todo en si adopta una postura de cierre justo después de que tú hayas dicho algo. Entonces sí es bastante probable que la postura sea una señal de desacuerdo con lo que ha escuchado. Sea como sea, por tu parte fíjate también en si adoptas estas posturas más de la cuenta y toma conciencia de lo que transmites con ello.

TOMA CONCIENCIA DE TUS GESTOS

No es fácil controlar de manera consciente algo que llevamos toda la vida haciendo de forma involuntaria. Y es más difícil todavía en momentos de estrés o alto impacto emocional, en los que la situación en sí misma acapara toda nuestra atención. Por eso mismo, una buena opción es fijarse en qué hace el cuerpo cuando ensayamos ante un espejo o verbalizamos en voz alta un discurso, una reunión o una conversación que intuimos que será difícil. Ver si de modo involuntario hacemos estos gestos de cierre o no. Es probable que tu cuerpo reproduzca una posición que seguro que será más marcada y exagerada cuando llegue el momento de la verdad. Incluso puede darte pistas de qué emociones despiertan en ti aspectos en los que ni siquiera habías reparado. Ver todo con anterioridad te permitirá ser más consciente de lo que puede pasar luego. Incluso el espacio en el que te desenvolverás: es muy recomendable ir con anterioridad a un lugar en el que, por ejemplo, tengas que hacer una presentación, para poder reconocer el terreno y no ir de nuevas cuando llegue el día.

Sin embargo, recuerda que todos estos gestos y actitudes corporales de cierre son reacciones a algo. Por ejemplo, si hablar en público representa un problema para ti, trabajar tu corporalidad te será de gran ayuda, pero tu principal tarea será trabajar la relación que tienes con el foco del problema. Tal vez formándote más, ensayando ante personas de confianza, preparando mejor tus presentaciones o siendo consciente de tu timidez y trabajando por mejorar tu relación con ella. Todo ello repercutirá en tu expresión corporal.

¡No te toques ahí!

Nos pasamos el día tocándonos diferentes partes del cuerpo, sobre todo la cara. Nos la tocamos de media veinticuatro veces cada hora, según un estudio de 2015 de la Universidad de Nueva Gales del Sur. Esto representa cerca de cuatrocientas veces al día.

Estos contactos por todo el cuerpo pueden deberse a múltiples razones: costumbre, manías, tics, por llevar haciéndolo desde pequeños, por el placer de rascarnos o frotarnos, por la sensación reconfortante que nos genera... También por causas dermatológicas, claro. Pero hay un momento en el que sí son claves: como reacción a algo que acaba de pasar o cuando repetimos la acción varias veces seguidas o en una situación en la que estamos experimentando nervios, tensión, incomodidad, etc.

Al hacerlo, enviamos el mensaje de que algún tipo de negatividad afecta a nuestro estado interno, ya que en situaciones de confort muchos de estos gestos apenas aparecen. Lo hacemos sobre todo en la cara, pero también con las manos, jugando con ellas o frotándonoslas, con los brazos o las piernas. También podemos hacerlos con la ropa que llevamos o con los complementos que usamos.

Recuerda que, con independencia de la razón por la que hagas contactos, y por muy alejadas que estas razones estén de cualquier aspecto relacionado con tu estado de ánimo o el momento que estás pasando, la gran mayoría de las personas pensará que se deben a algún tipo de incomodidad que estés sintiendo.

Existen varias razones por las que podemos hacer estos contactos con nosotros mismos:

- **Por un micropicor.** Los micropicores son sensaciones que aparecen en ciertas partes del cuerpo en situaciones en las que lo que sentimos va en contra de lo que vemos, hacemos, decimos o escuchamos. Se produce un aumento del riego sanguíneo, una vasodilatación, que acaba generando un breve hormigueo o sensación de picazón, y surge una necesidad irrefrenable de rascarse. Pueden darse por todo el cuerpo, pero también de manera localizada en las áreas vinculadas a la acción que, por lo que sea, decidimos no hacer o reprimir, como veremos a continuación.

- **Para calmarnos a nosotros mismos.** Se trata de contactos que nos sirven para autoapaciguarnos. Se conocen como «gestos adaptadores», los hacemos para calmarnos y relajarnos en momentos de estrés, nervios, ansiedad, etc. El contacto con nosotros mismos nos genera una sensación placentera que puede servirnos para combatir la negatividad del momento que estamos viviendo. Podemos sustituir el contacto con nuestro propio cuerpo por otros, como algún botón, una parte de una prenda de vestir o un anillo.

Estos gestos tienen una razón de ser, pero a la vez pueden impactar en la interpretación que alguien haga, de manera consciente o no, de nuestro lenguaje corporal. Hemos aprendido que las personas recurren a estos gestos cuando algo no anda bien, y hacerlos resta credibilidad y capacidad de persuasión. A partir de ahora fíjate en si haces estos gestos o si se los ves hacer a alguien, sobre todo si son una reacción a algo que acaba de pasar.

Partes que nos tocamos

Cabeza. Nos pasamos los dedos por la cabeza en momentos de frustración. La mano se abre para intentar cubrir la mayor zona posible. Con frecuencia también nos la rascamos en momentos de duda; es un gesto que de manera casi universal se asocia a que alguien no acaba de tener el control total de la situación.

Frente. Solemos rascarnos la frente, y también la sien y la zona de las cejas, cuando no damos con las palabras que queremos utilizar. Es como si al rascarnos pretendiéramos que se activaran determinados procesos cerebrales para generar esas palabras o esa idea que no logramos manifestar. También lo hacemos cuando estamos activando ciertos mecanismos de pensamiento. Puede tratarse de un gesto que hacemos por imitación desde pequeños al ver a otros hacerlo. Sea como sea, no solemos rascarnos la frente cuando nuestro discurso fluye, así que suele interpretarse como una señal de confusión, ignorancia o no saber bien qué decir.

Cuello. Solemos tocarnos el cuello en momentos de apuro; las mujeres sobre todo por la zona del esternón, mientras que en los hombres es un gesto más evidente y abarca todo el cuello. Separamos el cuello de la camisa para permitir una mayor ventilación debido al aumento de la temperatura que experimentamos en momentos en que se activa una alarma en el cerebro. Nos acariciamos o frotamos la nuca en momentos de frustración, como reacción a algo de lo que estamos haciendo una interpretación negativa. Este contacto nos reconforta y lo hacemos para compensar el momento negativo.

Cara. La cara es una de las zonas del cuerpo con más terminaciones nerviosas, de tal manera que cuando la tocamos se produce una mayor reacción y más positiva que con otras partes del cuerpo. Si bien recurrimos a ella infinidad de veces a lo largo del día, seguramente sin darnos cuenta, también lo hacemos de forma casi automática e inconsciente cuando hay algo que no funciona. El contacto continuo o permanente con ella suele generar la impresión de estar viviendo confusión, inseguridad, nerviosismo, etc.

Ojos. A menudo nos rascamos o frotamos los ojos o las zonas colindantes cuando no estamos conformes con lo que estamos viendo, pero no podemos decirlo o exteriorizarlo verbalmente. Como adultos, es lo que más se parece a lo que, cuando éramos niños, hacíamos al taparnos los ojos ante algo que no queríamos ver. Frotarnos los ojos nos proporciona también un gran alivio; es casi como resetearlos, así que lo hacemos para aliviar situaciones negativas. Vérselo hacer a alguien es un claro indicativo de que algo le sobrepasa o le hace sentirse desbordado.

Nariz. En momentos de tensión en los que el cuerpo reacciona con una activación general, la cara es una de las zonas que más se vasodilatan, donde más aumenta el flujo sanguíneo. Así, se generan las

sensaciones que hemos comentado al inicio de este capítulo, algo parecido a un hormigueo que nos genera un pequeño picor o molestia. En el centro de la cara está la nariz, que es donde más experimentamos estas sensaciones. Nos frotamos la nariz por debajo con el dedo índice prácticamente estirado como señal de rechazo a algo que estamos viendo, escuchando o incluso diciendo nosotros mismos. Por otro lado, nos la sujetamos un momento con una mano a modo de pinza cuando algo no nos acaba de encajar.

También nos acariciamos o frotamos la zona superior del tabique nasal con los dedos pulgar e índice cuando estamos haciendo una evaluación negativa de algo y necesitamos concentrarnos mejor para pensar qué hacer.

Oreja. Solemos rascárnosla y prácticamente utilizar la mano a modo de tapón para literalmente bloquear, y rechazar, lo que estamos oyendo. Sentimos una necesidad imperiosa de bloquearla cuando no nos gusta lo que oímos. Es uno de los gestos más claros y a la vez espontáneos de disconformidad.

Boca. Llevarse la mano a la boca de manera inconsciente es muy propio de alguien que no está del todo de acuerdo con lo que está diciendo, porque de alguna manera desearía autocerrarse la boca. También solemos hacerlo cuando nos damos cuenta de que desearíamos no haber dicho lo que acabamos de decir. Ya sea al ver la reacción de quien nos escucha o porque tras escucharlo nosotros mismos nos damos cuenta de que era un error, estaba fuera de lugar o nos traería malas consecuencias. A su vez, cuando los labios establecen entre ellos un cierre fuerte y fácilmente observable, están haciendo el típico gesto de labios sellados. Es propio de situaciones en las que reprimimos algo: una palabra, un pensamiento, una emoción. Si optamos por no exteriorizarlo, es probable que este gesto con los labios nos delate. También asociamos este gesto a momentos de frustración, incomodidad, tensión, e incluso ira.

Brazos. Si una persona se toca o acaricia el brazo contrario por encima del codo mientras tiene ese brazo extendido hacia abajo, es uno de los mejores indicativos de que no se siente del todo cómoda o conforme con lo que está pasando a su alrededor. También puede interpretarse como una señal de rechazo o disgusto sobre lo que se está viendo, recordando o hablando.

Manos. Uno de los mayores indicativos de que alguien está experimentando una vivencia negativa es que se frote las manos o juegue con ellas impulsivamente y de manera continuada. Además, las manos suelen llevarse gran parte de la atención de quien nos mira; una corporalidad agitada o nerviosa que vaya a parar a tus manos tiene más probabilidades de ser «cazada» que si se genera en otras partes del cuerpo.

Piernas. Solemos experimentar un hormigueo en las piernas cuando estamos sentados, pero en el fondo desearíamos marcharnos. El cerebro envía a las piernas la señal de que se activen para levantarnos y, al no hacerlo, notamos esa sensación de activación frustrada que a menudo apaciguamos acariciándonos o frotándonos los muslos.

Ropa o complementos. Asimismo, los gestos que hacemos al entrar en contacto con la ropa que llevamos o con los complementos que utilizamos atienden al mismo significado que si son con nuestro propio cuerpo si los repetimos compulsivamente. Tirar de la parte inferior de una chaqueta. Ajustarnos el cinturón. Juguetear con la tira de un bolso. Darle vueltas constantemente a un anillo.

Intenta limitar las veces que haces contacto contigo mismo o con tu ropa o complementos mientras hablas. En situaciones de confortabilidad y confianza apenas lo hacemos, por lo que hemos aprendido a asociar estos gestos con algún tipo de negatividad por parte de quien los hace, lo que le resta credibilidad o confianza.

LA IMPORTANCIA DE GESTICULAR CON LAS MANOS

La humanidad ha dado siempre una importancia muy grande a las manos en la comunicación. Nos hemos pasado gran parte de nuestra existencia comunicándonos solo con gestos. También las hemos utilizado para declarar nuestras intenciones, amigables o no.

Es más: en ocasiones, seguimos acudiendo a los gestos como vía exclusiva de comunicación cuando la potencia, la facilidad de envío del mensaje o el impacto es infinitamente superior al verbal. Cuando te comunicas con alguien que no habla tu idioma, por ejemplo. O cuando en casi todas las partes del mundo firmamos en el aire para pedir que nos traigan la cuenta en un restaurante. O cuando es más fácil hacer un gesto que explicarlo: pregúntale a alguien qué significa «desmenuzar» y verás que lo primero que hace es reproducir con las manos la acción frotando las puntas de los pulgares con las del resto de los dedos. Te mirará pensando que solo por ver el gesto tu pregunta ya debería quedar respondida, mientras que es probable que le cueste encontrar las palabras para describir algo que se especifica mejor con un gesto.

Por todo ello, las manos siguen teniendo un peso capital en nuestra comunicación. Son una de las partes del cuerpo que más miradas se llevan, sobre todo cuando las usamos mientras hablamos. Por eso, gesticular de una manera o de otra puede suponer un gran cambio en cómo envías tus mensajes y cómo los reciben los demás.

Cuando vemos hablar a alguien, solemos equiparar inconscientemente su manera de gesticular con el conocimiento, la seguridad y la confianza que tiene sobre el asunto del que nos está hablando. Por ello, si gesticulas con sentido y fluidez, tus interlocutores sentirán inconscientemente que conoces el tema y te sientes cómodo hablando de él.

Ocurre también cuando alguien lleva a cabo una acción. Por ejemplo, aunque no tengas ni idea de cómo tocar una guitarra, serías capaz de decir si en un vídeo sin sonido quien aparece tocando la guitarra sabe hacerlo bien o no. Sobre todo te basarías en la fluidez de sus movimientos al tocar y en si te parecen convincentes y seguros.

Muestra continuamente las manos y las palmas. Gesticula mientras haces gestos de apertura con los brazos para conectar mejor con tu audiencia. Porque, aunque muchos gestos pueden pasar inadvertidos a simple vista, pueden tener un gran impacto a nivel inconsciente en tu interlocutor o bien enviar señales que proporcionan más información sobre nosotros a quienes nos ven, lo cual puede jugar en nuestro favor o en nuestra contra.

Por otro lado, una gesticulación a trompicones, inconexa o atropellada se asocia con confusión, con desconocimiento. Tampoco ayuda mucho abusar de gestos cerrados con las manos o tenerlas constantemente pegadas al cuerpo.

Fíjate en algo que explicó Joe Navarro, una de las mayores autoridades del mundo en lenguaje no verbal: los cambios en el espacio que ocupan tus manos. De manera inconsciente, tendemos a hacer más grandes las manos, a aumentar la distancia entre los dedos cuando nos sentimos cómodos y seguros a la hora de hablar. Una situación que nos genere incomodidad seguramente hará que tengamos las manos más cerradas y los dedos más juntos.

Y si piensas que, para evitar movimientos que pudieran perjudicarte, no gesticular podría ser una buena idea, olvídalo. No gesticular contribuye a una rigidez corporal y una tensión que no favorece en nada a la hora de comunicar. Tampoco es buena idea esconder las manos, sobre todo en los bolsillos; si abusamos de esa pose, crearemos una sensación de poca voluntad de acción.

Pero ¿qué te lleva a gesticular de una manera o de otra? Básicamente el impacto que tiene en ti la situación que estás viviendo. Si te sientes más o menos preparado para lo que estás haciendo, si te sientes cómodo o no, si te sientes bien o no. También has de tener en cuenta que existen condicionantes personales o culturales que pueden hacer que una persona gesticule más o menos.

En situaciones normales, las personalidades más abiertas y extrovertidas suelen gesticular bastante, de una forma fluida y natural. Personalidades más cerradas o introvertidas acostumbran a gesticular menos o a hacerlo de modo más forzado.

Y en cuanto a las culturas, por ejemplo, las latinoamericanas y españolas suelen ser más expresivas que otras como las de los países nórdicos u orientales.

¿CÓMO DEBEMOS GESTICULAR PARA SER MÁS PERSUASIVOS Y CONVINCENTES?

Natural y espontáneamente. No te fuerces a gesticular o a gesticular más si no te sientes cómodo haciéndolo. Si crees que apenas gesticulas, prueba a ir haciéndolo más, pero sin forzar. Si lo haces de forma impostada, te puede perjudicar, ya que tu lenguaje corporal se volverá bastante menos fluido y, si no te sale de manera natural y «automática», te distraerá.

> Grábate hablando en vídeo para tomar conciencia de cómo es tu gesticulación. Verse desde fuera es el mejor modo de saber si nos gusta cómo gesticulamos y si nos sentimos cómodos al vernos.

¿Es malo un exceso de gesticulación?

Sí y no. Dependerá mucho de cómo se hace y del contexto. Uno puede estar todo el tiempo gesticulando si lo hace de manera natural y fluida. Pero, si esa gesticulación es muy rápida o agitada, es fácil que se asocie a un estado interno negativo.

Por otro lado, existen situaciones en las que no es apropiado gesticular en exceso: en momentos de contención, momentos solemnes o cuando comunicas malas noticias, por ejemplo.

¿Para quién gesticulamos?

A menudo tendemos a pensar que gesticulamos para proporcionar más información a nuestro interlocutor, para ampliar físicamente la información que damos de forma verbal. Sin que deje de ser cierto, la gran mayoría de la gente ignora que también gesticulamos para nosotros mismos.

Puedes fijarte en alguien que habla por teléfono: verás que gesticula de igual modo que si su interlocutor estuviera delante. Es muy difícil dar direcciones a alguien por teléfono y no hacer las señas que harías si tuvieras a la otra persona delante. O puedes pensar en la última vez que tuviste una palabra en la punta de la lengua y no te salía. Seguramente hiciste un gesto con la mano hacia arriba frotando entre sí los dedos pulgar, índice y corazón, un gesto parecido al que haces cuando echas sal a la comida, pero hacia arriba.

Existe una conexión entre los gestos y la construcción del discurso. Los gestos ayudan a la memoria operativa a ir encontrando las palabras necesarias todo el tiempo. Nos ayudan a organizar las palabras. Numerosos estudios han probado que limitarle a alguien los gestos suele afectar de forma negativa a su discurso, y a la vez quienes lo escuchan sienten que se crea menos conexión.

¿QUÉ TIPOS DE GESTOS EXISTEN?

Además de los gestos propios de una expresión natural, que no necesariamente han de tener un significado específico, existen otros que sí lo tienen; los hacemos para enfatizar, acompañar o remarcar un discurso, pero también para relacionarnos con nuestro entorno o comunicar cómo nos sentimos.

Gestos icónicos. Son muy claros y fáciles de entender o interpretar. Ya tienen un significado por sí mismos, puede ser una o más palabras. Lo son el gesto del pulgar hacia arriba o hacia abajo, el gesto de «ok» o agitar la mano en el aire para saludar a alguien.

Gestos ilustradores. Van unidos a las palabras porque los utilizamos para enfatizarlas y remarcarlas. Un ejemplo es cuando pronuncias la palabra «grande» y a la vez haces un gesto con los brazos

extendidos para destacar el tamaño. Suelen hacerse un brevísimo instante antes de pronunciar las palabras a las que van asociados cuando los hacemos de manera natural y espontánea, sin ninguna intención añadida. Hacerlos después de verbalizar aquello que estamos ilustrando suele significar que se hacen de un modo ya más consciente y sí existe algún interés o intención en utilizarlos para que nuestro interlocutor nos crea.

Gestos emotivos. Sirven para reflejar nuestra emoción o estado emocional. Por ejemplo, sonreír cuando hablas con alguien que te hace sentir alegre o apretar los dientes o los puños cuando algo o alguien te está enfadando.

Gestos reguladores. Los utilizamos para ir marcando los tiempos en una conversación. Para decir que vamos a empezar a hablar, que vamos a dejar de hacerlo o para indicarle a nuestro interlocutor que es su turno. Por ejemplo, señalar a alguien con la mano extendida para decirle que tiene la palabra o hacerle a alguien el gesto de «stop» con la mano para pedirle que pare de hablar.

Gestos adaptadores. Los gestos que hacemos para calmarnos en situaciones de nervios, tensión o incomodidad. Como hemos visto en el apartado «¡No te toques ahí!» de este mismo capítulo, los ejecutamos con nuestro propio cuerpo, con la ropa que llevamos o con complementos. Por ejemplo, nos frotamos las manos nerviosamente, jugueteamos todo el tiempo con un anillo o nos abrochamos y desabrochamos continuamente los botones de la chaqueta.

Cuando ejecutes un gesto que hagas de izquierda a derecha para ti (como subrayar en el aire una palabra que pronuncias para enfatizarla, o hacer una secuencia marcando los pasos con la mano abierta perpendicular al suelo), hazlo de derecha a izquierda si tienes a un grupo de gente mirándote, como si de su punto de vista se tratara. Les resultará agradable ver que los tienes en cuenta de esta manera.

LA MEMORIA DE LOS GESTOS

Es probable que alguna vez hayas hecho el ademán de recogerte el pelo pese a habértelo cortado hace poco, o que trates de acomodarte las gafas pese a que hayas dejado de utilizarlas. Es por culpa de la memoria procedimental, que es la que almacena los procesos automáticos que usamos para relacionarnos con nuestro entorno. Son automáticos e inconscientes, y por eso cuesta cambiarlos o dejar de hacerlos. Los usamos para escribir, conducir, montar en bicicleta, acicalarnos, abrocharnos los botones, etc. Nos sirven para automatizar procesos y no tener que estar pensando constantemente en cómo hacer las cosas. Sería imposible tener que pensar todo el rato, de manera consciente, cómo andar, por poner un ejemplo.

GESTOS QUE REVELAN LA EDAD

Los gestos que haces para reproducir una acción que estás verbalizando pueden delatar aspectos como tu edad o tu entorno. Por ejemplo, los nacidos antes de los 2000 todavía hacen el gesto de subir o bajar una ventanilla como si estuvieran accionando una manivela, por mucho que lleven años utilizando un botón para subirla o bajarla, porque rara vez cambiamos o actualizamos la manera de hacer estos gestos una vez aprendidos e interiorizados. Es probable que los más jóvenes no entiendan ese gesto y seguramente lo reproducirán como si estuvieran apretando un botón. Si lo hacen a la antigua usanza, pueden estar diciéndote que en su entorno siguen existiendo coches cuyas ventanillas se accionan a mano.

Pasa algo parecido a la hora de simular una llamada telefónica. Unos, los más mayores, pegarán la mano a la cara y extenderán los dedos pulgar y anular como si estuvieran emulando un auricular o teléfono de los de antes, mientras que los más jóvenes probablemente se peguen toda la mano extendida a la cara simulando el formato actual de los teléfonos móviles. O para tomar una fotografía: se empieza a ver ya cómo los más jóvenes simulan estar apretando el botón de la pantalla del móvil para hacerse una selfi.

Territorio y distancia

La gestión que hacemos del territorio, tanto del nuestro como del ajeno, es un auténtico sistema de comunicación en sí misma. Ocupar más o menos del espacio que te rodea es un reflejo de tu estado interno, y así lo comunicas y lo percibe quien te observa. En situaciones de confianza y seguridad no tendrás problema en ocupar cuanto espacio necesites, ya sea en una silla, en una mesa o de pie en una sala. Tus gestos serán expansivos y abiertos, no te preocupará no pasar inadvertido y quienes te rodean se percatarán de tu seguridad y confianza.

Por otro lado, en situaciones en las que estés a disgusto o incómodo, es posible que hagas todo lo contrario: encogerte para ocupar el mínimo espacio posible y tratar de pasar inadvertido. Sentarte en el borde la silla, permanecer todo el tiempo apoyado en una pared o hacer gestos de cierre en ti mismo. En este caso logras lo contrario: transmitir sensación de no sentirte del todo a gusto con la situación.

LOS CONDICIONANTES

Debemos considerar qué elementos internos o externos pueden impactar en nuestra manera de ocupar el territorio que nos rodea. Es preciso tener en cuenta que esos condicionantes pueden influir en la percepción que otros tienen de nosotros, más allá de la razón por la que gestionemos el territorio de un modo u otro.

La personalidad influye en la ocupación del espacio. Las personas más abiertas o extrovertidas, pero también las de personalidades más fuertes o dominantes, tienden a ser más expansivas a la hora de gestionar el espacio que ocupan. Por otro lado, las más introvertidas, tímidas o reservadas optarán de forma inconsciente por ser menos acaparadoras a la hora de quedarse con el territorio que las rodea. Influye también la confianza o seguridad que alguien siente en una situación concreta. A mayor confianza o seguridad, mayor será la naturalidad con la que ocupará el espacio.

El territorio en cuestión también es un condicionante de suma importancia. Tendemos a ser más prudentes territorialmente hablando en terrenos desconocidos, al igual que en aquellos en los que no acabamos de sentirnos del todo cómodos. También debemos ser respetuosos con el espacio que ocupamos en casa ajena. No es conveniente acaparar, por ejemplo, todo el sofá de alguien que nos invite a su casa por primera vez y arrinconar al anfitrión en una esquina, con independencia de si por nuestra personalidad lo haríamos o no.

Por último, también es un condicionante el hecho de que un espacio tenga su propio sistema de reparto. Existen lugares donde los sitios o asientos que debemos ocupar están marcados, delimitados y preasignados, y otros en los que el reparto del espacio es imposible. Sería ridículo pretender que nadie se nos acercara a menos de dos metros en un concierto o una manifestación multitudinaria.

COMPARTIENDO EL TERRITORIO: ACERCAMIENTOS

La gestión del territorio también es una manera de reflejar la relación que tenemos, o desearíamos tener, con las personas que nos rodean. La confianza o el interés mutuo que tengamos determinará si es buena idea o no compartir un territorio, hacer un acercamiento. Porque todo acercamiento tiene por lo general una intención, ya sea positiva o negativa: desde iniciar, retomar o afianzar una relación, pasando por dar por finalizado un enfado, hasta iniciar una pelea física.

Ten en cuenta que existen muchos factores que pueden impactar en la forma que tiene una persona de gestionar la invasión de su espacio: factores culturales, educacionales, relacionales, de personalidad o de estado de ánimo. Muchos negocios se han arruinado porque alguien ha querido saludar a su interlocutor muy cercana y afectuosamente, y la otra persona se ha sentido casi ultrajada porque en su cultura ese acercamiento está muy mal visto. Pero también influyen aspectos relacionales. Qué tipo de relación tienen en ese momento, cómo ha sido su última interacción o cuáles son los sentimientos entre ambos. El lugar en el que se encuentran también tiene su impacto en la gestión que alguien hace de las distancias, así como el resto de las personas que forman parte de la escena.

Si aprendes a fijarte en cómo reaccionan los demás a tus acercamientos, sobre todo cuando te aproximas o muestras predisposición a hacerlo, obtendrás pistas de cuál es su visión de vuestra relación y de si existe o no voluntad de cambiarla.

Si alguien valida uno de nuestros acercamientos, se le despertará una sensación positiva. Es muy probable que oriente el cuerpo hacia ti y manifieste posturas abiertas, además de expresiones amables o de alegría en mayor o menor medida. Puede incluso que procure reducir aún más la distancia contigo tras tu acercamiento, nunca la ampliará. Recibir positivamente a alguien en tu espacio es señal de buena relación y predisposición a la interacción. Ten en cuenta que también puede deberse a que le interesa generar esa sensación en ti.

En cambio, cuando te acercas a una persona que no valida ese acercamiento puedes despertarle una reacción negativa, instintiva y ancestral de defensa de su espacio. Su cuerpo lo exteriorizará de alguna de estas maneras o de varias:

- Posturas de cierre.
- Bloqueos (cruzar los brazos o levantarlos a modo de barrera).
- Alejamiento: a veces consiste en echar ligeramente el cuerpo hacia atrás o retroceder con un pequeño paso.
- Tensión o rigidez corporal.
- Evitación del contacto visual.
- Cambio de orientación (orientarse hacia una vía de escape).
- Gestos de autoapaciguamiento (frotarse la cara, las manos, los brazos…).

Sal enseguida del espacio vital de alguien que manifieste que no eres bienvenido, y no sigas acercándote a alguien que se ha alejado cuando te has aproximado.

La ocupación del espacio también se asocia al poder. Por ejemplo, si un superior viene a sentarse a una mesa, es posible que reduzcas el espacio que estás ocupando incluso aunque la otra persona no necesite ese espacio; es un gesto que refuerza la sensación de liderazgo de la otra persona. Por otro lado, podrías llegar a considerar como una agresión una invasión no deseada de tu espacio. Y es que, a menudo, las personalidades más potentes muestran preferencia por marcar su territorio y defenderlo en caso de invasión. Suelen considerar una afrenta que otra persona ocupe su espacio. Ampliaremos la relación entre el territorio y el liderazgo en el capítulo seis.

TIPOS DE DISTANCIAS

Es probable que a estas alturas te estés preguntando si existe una medida más o menos exacta para calcular dónde empieza y dónde termina el espacio vital de cada uno, y, a su vez, qué tipo de distancia tenemos que dejar con las personas dependiendo de nuestra relación con ellas y el lugar en que nos encontremos.

Eso mismo se preguntaba el antropólogo americano Edward T. Hall, que dedicó gran parte de su vida al estudio de las distancias que utilizamos en nuestras interacciones en diferentes momentos y escenarios, por lo general de manera inconsciente. Lo denominó «proxemia». Según este antropólogo, y tomando como referencia su trabajo de estudio y observación de multitud de personas en diferentes escenarios, existen cuatro tipos de distancias que, por supuesto, es preciso tener en cuenta en situaciones normales, no en aquellas en las que el reparto del espacio esté condicionado por elementos externos a las personas que lo ocupan.

1. **La distancia íntima:** entre 0 centímetros y medio metro.
   Es la distancia que dejan entre ellos parejas, familiares o amigos muy cercanos. Para pararse a hablar por la calle, para andar, para sentarse en un sofá. Es una distancia en la que el contacto físico es continuo y normal, ya que no hay que hacer ningún esfuerzo para alcanzar a tocar a la otra persona. Fíjate que ni tan siquiera la invadimos para saludar a alguien con un apretón de manos, ya que los dos brazos extendidos garantizan un mínimo de distancia. Puede generar mucha incomodidad que alguien se autoinvite a la distancia íntima de otra persona cuando su presencia no es bienvenida. Debes asegurarte muy bien de que es buena idea explorar un acercamiento a esta distancia de alguien, o como mínimo estar dispuesto a lidiar con las consecuencias, si las hay.

2. **La distancia personal:** entre medio metro y metro y medio.
   Esta es la distancia que establecemos con quien ya tenemos una relación, pero no es necesariamente profunda. Amigos no íntimos o compañeros de trabajo, por ejemplo. Sería la distancia que mantienen entre sí tres o cuatro personas que hablan formando un corrillo en el trabajo.

3. **La distancia social:** entre metro y medio y tres metros.
   La distancia que solemos utilizar con extraños con los que nos toca cohabitar por la razón que sea, o cuando por ejemplo conocemos a un grupo de personas en una fiesta y orbitamos a su alrededor después de que nos hayan presentado.

4. **La distancia pública:** más de tres metros.
La distancia mínima de separación para contactos menos íntimos. Para dar una clase o una ponencia, por ejemplo, si el espacio lo permite. También es el mínimo de distancia que deja-
ríamos con alguien para sentarnos en unos bancos públicos en
un parque, en caso de que el espacio sea lo bastante grande.

Por supuesto, no hemos acordado y validado esas distancias entre
todos, pero es cierto que son las que más o menos empleamos de manera instintiva e inconsciente y las que todo el mundo debería respetar.
Porque gestionarlas de otro modo puede inducir a confusión o incluso
a incomodidad, tanto a la hora de ampliarlas como de reducirlas. Es
probable que tu mejor amigo ande con la mosca detrás de la oreja si de
repente en una fiesta no te acercas a menos de dos metros de él. Porque salirnos de la norma establecida a la hora de gestionar distancias
comportará siempre extrañeza o sorpresa por parte de quien lo sufre.

Debes tener en cuenta si existen condicionantes que lleven a la
otra persona a gestionar las distancias de forma diferente a la tuya.
Por ejemplo, el factor cultural tiene una influencia enorme. En las
culturas latinas se tiende a estar cómodo en distancias más cortas,
mientras que en las culturas nórdicas sucede al contrario. También
impacta el tipo de lugar en que os encontréis, y si es ese mismo lugar el que marca las reglas del juego a la hora de repartir el territorio, no las personas libremente.

BARRERAS

Seguro que recuerdas alguna ocasión en la que te habría gustado que
alguien se hubiera quitado las gafas de sol para hablar contigo, sobre todo si tú eras quien tenía más interés en la conversación. O tal

vez te haya molestado que alguien reaccione cruzándose de brazos tras algo que acabas de decir. También es probable que te hayas sentido mejor cuando, en una tienda, el dependiente ha salido de detrás del mostrador y se ha puesto delante de ti para atenderte. Y es que cualquier elemento físico que se interponga entre dos partes afecta en mayor o menor medida a la calidad de la comunicación. Y eso influye en todas las partes implicadas.

Las barreras sirven para que quien se esconde tras ellas sienta una protección que no sentiría si no se interpusiera nada entre él y su interlocutor. Porque sirven de defensa y ayudan a sentirse protegido, a menudo inconscientemente, ante cualquier amenaza que pueda suponer una comunicación más directa con quien nos rodea. Pero eso tiene un precio, y es que la otra persona puede apreciar que algo se interpone en el proceso comunicativo. Que la comunicación no es tan directa, que algo la obstaculiza. Esto acaba derivando en una menor conexión entre las personas. Y pese a que entre ambos exista ya una buena conexión, siempre agradecerán tener una vía más directa de comunicación.

Estas barreras pueden encontrarse ahí desde el primer momento, antes de que empiece la comunicación. Pueden ser elementos físicos como mesas, sillas, atriles, mamparas de metacrilato en un puesto de atención al cliente, montañas de papeles, carpetas o utensilios de escritura si se está en una mesa, o el monitor de un ordenador.

Procura prescindir de las barreras físicas que se interponen entre tú y tus interlocutores cuando sea posible. Tal vez tú no les das importancia porque están ahí siempre, pero tu interlocutor agradecerá enormemente que las apartes. De manera inconsciente notará una mayor y mejor conexión contigo. Hazlo aunque no sea realmente necesario; quien te escucha notará por tu parte una mayor voluntad de conexión.

También puedes hacer uso de estas barreras en momentos puntuales. Imagina que estás haciendo una presentación ante un público numeroso. Te mueves por el escenario, tan normal, y en un momento de incomodidad por algo que te ha preguntado un asistente te colocas detrás de un atril para contestarle. Lo has hecho de forma inconsciente, te sientes más cómodo y protegido con el atril como barrera en una situación de incomodidad para ti. Pero desde ese momento los presentes ya solo pueden ver tu cabeza y tus manos asomando tras el atril. Te sienten más lejano y están menos conectados contigo. En resumen, has utilizado una barrera en tu beneficio, pero en perjuicio de tu comunicación con el público.

Steve Jobs, el antiguo CEO de Apple, tenía estos aspectos muy en cuenta. Nunca interponía nada entre él y el público a la hora de hacer sus presentaciones. Si necesitaba un atril, lo ponía de lado con tal de no tener que situarse detrás. Y jamás daba la espalda a la audiencia, ni siquiera para leer brevemente los pocos textos que utilizaba en sus diapositivas de presentación. Siempre se orientaba hacia la gente y empleaba gestos abiertos.

No solo colocamos barreras cuando hablamos con alguien. Piensa en un comercial que espera en la recepción de una empresa a que lo llamen. Si se siente nervioso o incómodo, es posible que esté así:

De manera inconsciente se protege el bajo vientre, una de nuestras partes más vulnerables, con el maletín. No es un gesto que haría en una situación de plena confianza. Y la imagen de incomodidad y nerviosismo que está transmitiendo tal vez afecte de modo negativo a la primera impresión que se haga de él quien vaya a su encuentro. Claro que puede darse el caso de que esa sea su postura natural de espera; entonces sería conveniente que intentara adoptar otra.

Pero las barreras también pueden consistir en elementos de nuestro cuerpo como reacción a algo que acaba de pasar. Es sobre todo en este último caso cuando más importancia hay que darles.

A vueltas con el cruce de brazos

Genéricamente, la gente, como hemos explicado antes, tiende a pensar que un cruce de brazos es siempre una forma de mostrar bloqueo, negación o contradicción con lo que se está viendo o escuchando. Y esto no tiene por qué ser siempre así. Puede tratarse de la postura genérica de alguien, la que siempre adopta o la que le resulta más cómoda. Y es cierto que seguramente tú estarías más cómodo si esta persona tuviera una postura más abierta al hablar contigo, y podría hacerlo si quisiera, pero en este caso no tienes que dar tanta importancia a ese cruce de brazos; seguro que la cosa no va tanto contigo como pudieras pensar. El cruce de brazos tendrá relevancia cuando se trate de una reacción a algo que acabes de decir. Ahí sí que será una barrera puesta como consecuencia de algo (incomodidad, rechazo, desacuerdo...). En tu caso, intenta no hacer un cruce de brazos en un momento que la otra parte pueda interpretar como una señal de rechazo que tal vez no te interese enviar. Y si, por la razón que sea, es una postura más o menos habitual en ti, ten en cuenta, a partir de ahora, qué puedes estar comunicando con ella.

Prueba a intercambiar tu posición habitual al cruzar los brazos. Es decir, si sueles poner el izquierdo encima del derecho, intenta hacerlo al revés. Verás que cortocircuitarás y te resultará casi imposible hacerlo con normalidad. Solo un 4 por ciento de la población normal los alterna con facilidad y habitualmente. Algunas teorías atribuyen este hecho a factores genéticos, y otras a que se trata de un comportamiento adquirido desde niños que luego nos cuesta cambiar.

La orientación

Una de las formas más evidentes y claras de saber qué despierta algo en alguien es fijarse en la orientación del cuerpo.

Hacia dónde nos orientamos

De manera inconsciente tendemos a orientarnos hacia lo que genera un estímulo positivo en nosotros. Esta inclinación unas veces es más sutil que otras, en unas ocasiones es más fácil de llevar a cabo que en otras y en algún caso no podemos ni siquiera disimularlo.

Cuando veas algo o alguien que genera un impacto positivo en ti, tu cuerpo se morirá de ganas de orientarse hacia ello, sobre todo tus pies. A menudo otorgamos a los pies algo parecido a un poder de invisibilidad, pensamos que nadie los ve, algo que acaba convirtiéndolos en unos grandes delatores, porque casi siempre van por libre y no les importa reflejar en todo momento hacia dónde queremos orientarnos.

En una mesa con un grupo de gente, notarás que de manera inconsciente tiendes a orientarte hacia las personas con las que te sientes más a gusto. De ningún modo querrás orientarte hacia algo que te desagrada; todo tu cuerpo, pero sobre todo los pies, apuntarán hacia una salida.

Fíjate, por ejemplo, en cómo usan los pies las personas en una fiesta o celebración cuando hablan entre ellas; puedes jugar a adivinar si están a gusto con lo que están viviendo o si sus pies delatan que preferirían abandonar la conversación.

Hacia dónde no nos orientamos

Como hemos visto, rechazamos orientarnos hacia algo que nos genera un impacto negativo o giramos hacia otro sitio si se nos ha puesto delante. Sin embargo, es posible que las personas se fuercen a mantenerse orientadas hacia lo que las disgusta por interés, cortesía, convencionalismo, miedo a la reacción del otro, etc. A menudo es posible que algún pequeño detalle delate esa voluntad de escape, desde un desvío de mirada más o menos evidente y recurrente, pasando por una corporalidad de cierre y bloqueo, hasta una ligera orientación del cuerpo o de los pies hacia otra dirección.

GESTIÓN CONSCIENTE DE LA ORIENTACIÓN

Para mostrarte más accesible a alguien, o para que te sea más fácil ser persuasivo si te ganas su confianza, intenta tener en cuenta tu orientación. Por ejemplo, no recibas a alguien en tu mesa y te pongas a hablar con él sentado en la silla orientada hacia el ordenador en lugar de hacia él. Gira el cuerpo y oriéntalo por completo a quien te habla en caso de que te encuentres, por ejemplo, de lado. Si hablas a un grupo de gente, no les des la espalda para tal vez escribir en una pizarra o leer un PowerPoint. Esto te alejará de ellos y es más fácil que desconecten. Observa también si quien te escucha hace o no el esfuerzo de orientarse hacia ti.

También puedes utilizar esta técnica de orientación al revés. No orientarte deliberadamente hacia alguien es una manera de rechazar su conducta o mensaje sin necesidad de verbalizarlo. También puedes enviar mensajes sutiles a alguien que te ha parado por la calle y te empieza a resultar pesado: orienta el cuerpo hacia una vía de escape. Mientras estés plenamente orientado hacia la otra persona, es probable que crea que estás encantado de seguir escuchándola. Eso sí, siempre habrá quien no quiera ver la evidencia.

El contacto físico

El tacto es el primer sentido que utilizamos para comunicarnos con el mundo nada más nacer. El contacto físico prolongado piel con piel de la madre con un recién nacido favorece que este regule y mejore las constantes vitales y la temperatura. Le ayuda a rebajar el estrés del parto y a crear vínculo con la madre, y esto luego hace más fácil la lactancia.

El tacto es el sentido más primitivo de la comunicación, como dejó constancia Desmond Morris, divulgador científico. Estamos programados para que nos resulte placentero experimentar contacto físico con otras personas y con nosotros mismos también. Nuestro cerebro emite sustancias bioquímicas relacionadas con la felicidad y el bienestar como reacción al contacto. Un simple contacto físico puede rebajar niveles de estrés y ansiedad.

Sin embargo, y pese a todas las ventajas que nos proporciona el contacto físico, todos sabemos que a veces lo rechazamos. Se debe a una serie de condicionantes culturales, ambientales, personales y relacionales que se imponen sobre los beneficios que pudiera darnos ese contacto.

Existen, además, otros factores muy puntuales que pueden afectar a un determinado grupo de personas de manera recurrente o puntual: trastornos obsesivos, traumas o rechazo cultural al contacto, sobre todo.

UN CONTACTO DESEADO

Por lo general, reaccionamos de forma positiva y con placer cuando establecemos contacto físico con alguien a quien validamos para ello: personas con las que estamos bien o nos sentimos cómodos y confiados, o que nos atraen de alguna manera. Además, el contacto físico refuerza el vínculo (personal, de amistad o de amor) entre las personas.

El contacto físico con las personas adecuadas produce cambios casi instantáneos en nosotros. El cerebro reacciona incrementando la producción de endorfinas, dopamina, oxitocina y serotonina, hormonas que se conocen como el «cuarteto de la felicidad» y que aumentan la sensación de placer y bienestar. A la vez, se reduce la producción de cortisol, que está relacionado con el estrés y la ansiedad. Se ha demostrado de manera recurrente que la falta de contacto continuado en las personas tiene un efecto negativo en ellas. Los niveles de estas hormonas del placer se reducen y, a su vez, aumenta la sensación de carencia afectiva.

En relaciones equilibradas suele existir reciprocidad en el contacto: la cantidad de contacto físico entre ambos está más o menos bien repartida. Lo contrario, cuando todo el contacto físico recae casi al cien por cien en una persona, llama mucho la atención o evidencia que no es una relación de iguales por la razón que sea.

Podemos decir que el contacto físico deseado contribuye a una mejora potencial del estado anímico o emocional. Este tipo de contacto puede, por ejemplo, calmarnos, relajarnos en momentos de estrés o ayudarnos a reducir los nervios en un momento de tensión; incluso rebajar o detener cualquier agitación corporal producto del impacto negativo que la situación tiene en nosotros. En más de una ocasión podrás comprobar que basta con que alguien con un mínimo vínculo toque en el hombro o coja de la mano a quien tiene temblores nerviosos para que el movimiento cese casi de forma instantánea.

La próxima vez que tengas que pedir un favor a alguien, hazlo tocándole suavemente el brazo. Varios estudios han demostrado que las personas son más receptivas y están más dispuestas a ayudar cuando experimentan un contacto físico. Asegúrate de tener la suficiente confianza para hacerlo, a algunas personas puede molestarles.

Hemos normalizado que personas que no tienen relación cercana o íntima con nosotros entren en contacto con determinadas partes de nuestro cuerpo: las manos, los brazos y los hombros, así como la parte alta de la espalda si el contacto es por detrás. No deberíamos tocar otras partes del cuerpo de otra persona sin antes asegurarnos de que la relación lo permite. Del mismo modo, en situaciones laborales y sobre todo con personas con las que no tenemos mucha relación o confianza, la mejor manera de minimizar riesgos es directamente no tocar.

Nuestra percepción sobre la relación que tienen dos personas o un grupo también está influida por el contacto físico que vemos que tienen entre ellos. Por ejemplo, los equipos deportivos suelen funcionar mejor y enviar mensajes de cohesión y confianza a los contrincantes cuando se dan abrazos, chocan las manos o tienen contacto físico constante entre ellos. Es probable que sus rivales los vean más difíciles de ganar por ello.

UN CONTACTO NO DESEADO

Sin embargo, y pese a todas las bondades que el contacto físico genera en nosotros, es perfectamente normal que en ocasiones nos neguemos a él o que lo rechacemos. Evitamos el contacto porque no queremos establecer ese grado de cercanía, proximidad o confianza con la persona en cuestión.

Con independencia de si expresamos rechazo verbalmente o no ante un contacto no deseado, nuestro cuerpo reaccionará siempre de manera negativa. Puede ser con gestos evidentes: desde apartarnos o alejarnos hasta retirar la mano o parte del cuerpo de la otra persona con que nos haya tocado. Incluso, llegados ya a cierto punto, puede generarnos la necesidad de sacudirnos, frotarnos o pasar la mano a modo de escoba por la zona que nos han tocado. Pero también puede darse de manera más sutil. Realizando posturas de cierre o encogimiento, o generando pequeñas expresiones de rechazo.

El gesto de reacción a un contacto puede ser también un indicativo de la relación que tienen las personas entre ellas. Piensa en alguna vez que, estando sentado en una mesa, te hayas tocado sin querer con el pie o la pierna de quien está a tu lado. Si la parte que le has tocado salta como un resorte para alejarse, es probable que te esté diciendo que no tenéis el tipo de relación que permite ese contacto. Si, por el contrario, no se mueve o no reacciona, por lo general significa que valida ese contacto porque se siente bien contigo, o tal vez sea porque acepta la accidentalidad, no te tomes esto como una licencia para que ese contacto vaya a más. Por eso, una manera excelente de saber en qué punto se encuentra la relación con alguien cercano tras un enfado es ver cómo reacciona a un pequeño contacto. Si lo rechaza, de forma más o menos sutil, es que algo sigue estando mal.

Pero pese a experimentar un contacto físico no deseado, en ocasiones podemos decidir permitirlo en contra de nuestra voluntad. Para evitar conflictos, por una personalidad sumisa, por interés o por la razón que sea. En este caso, es muy probable que tu cuerpo adopte posturas de cierre o de bloqueo, que muestre tensión y rigidez, o que tu cara genere una expresión de sonrisa falsa y forzada para enmascarar la emoción real que estás sintiendo.

Por todo ello, siempre es importantísimo observar los movimientos de la otra persona para conocer su voluntad, o no, de acercamiento y contacto.

Ten en cuenta que un mismo gesto, un mismo contacto físico, puede percibirse de manera muy diferente dependiendo de la persona receptora y de la relación que tengáis. Por ejemplo, para saludar a alguien con quien tienes mucha confianza lo puedes agarrar del cuello, y seguramente se lo tomará a bien. Si haces lo mismo con alguien con quien no existe suficiente confianza, puede interpretarlo como una afrenta, casi como el anunciamiento o el paso previo a un ataque. El cuello es una zona muy vulnerable y no dejamos que cualquiera nos lo toque.

Las neuronas espejo

Es probable que alguna vez hayas intentado darle comida a un bebé con una cuchara y que, sin saber por qué, hayas abierto la boca al hacerlo, con la esperanza de que él te imite y la abra también. Tal vez pienses que es imposible no bostezar si alguien bosteza a tu lado. O que seas alguien con tendencia a contagiarse e imitar el modo de hablar de otra persona. O que te entren ganas de llorar cuando ves a alguien hacerlo por la tele. O seguramente pienses que es curioso ver que gente afín entre ella (parejas, familiares, compañeros de trabajo, etc.) acostumbran a menudo a hacer gestos parecidos. Todo ello tiene un culpable: las neuronas espejo.

Las neuronas espejo se activan cuando nos relacionamos con otras personas o cuando vemos a los demás sentir emociones o hacer gestos, expresiones, movimientos, etc. Crean en nosotros una imitación inconsciente de los gestos que vemos así como una simulación interna de lo que vemos fuera, y al hacerlo nos resulta más fácil entender a quienes las experimentan y, a la vez, sentirlo nosotros también. Así, estas neuronas espejo son unas de las responsables de la empatía. Cuando las personas apenas se «contagian» de los movimientos, gestos o emociones de quienes las rodean decimos que tienen poca empatía.

A menudo esta imitación se activa sin que nosotros nos demos cuenta. Por eso son fundamentales en el aprendizaje por imitación, por eso hacemos gestos esperando que aquel a quien estamos enseñando los repita. Estas neuronas han sido cruciales a lo largo de la humanidad para que las personas pudieran aprender mecanismos sociales y de supervivencia.

Esa imitación será más probable y evidente cuando sientas afinidad por la persona que realiza la acción o cuando valides la acción en concreto. Si existen un contacto o convivencia continuados con esa persona, esa imitación o armonización de gestos será más evidente.

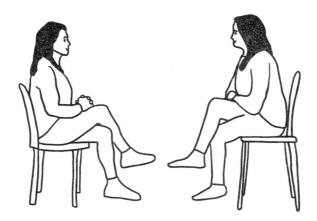

Por todo ello es posible que conozcas a parejas que prácticamente son un calco el uno del otro o que hayas visto equipos de trabajo o deportivos tan coordinados en sus movimientos que parece que están haciendo una coreografía. Todo ello evidencia una relación sana o, como mínimo, aceptada y normalizada por todas las personas que forman parte de ella.

Y luego tenemos el lado contrario: ver a dos personas desconectadas en lo que respecta a la orientación, las posturas, los gestos, etc. es una evidencia de que no existe ningún tipo de conexión entre ellas, o tal vez incluso de que hay un conflicto existente. En ese caso incluso les molestará que accidentalmente uno haga algún gesto de imitación del otro.

Observa también si en un grupo de personas que mantienen cierta armonía corporal sucede algo que rompe esa armonía, ya sea porque la deshacen una o varias personas. Seguramente será una reacción negativa a eso que acaba de pasar.

Con frecuencia indica que existe una pieza discordante cuando alguien, de manera continuada, presenta una postura o corporalidad que rompe con la armonía de la de los demás.

LAS NEURONAS ESPEJO A LA HORA DE COMUNICAR

Observar si tu interlocutor manifiesta conductas de imitación hacia ti te ayudará a saber qué impacto estás teniendo en él, qué afinidad siente hacia ti. Cuanto más evidente o visible sea esa imitación, mayor será la conexión. Es probable que de manera inconsciente replique alguno de tus gestos, movimientos o manera de hablar. Todo ello significará que está en sintonía contigo.

También puedes hacer el camino a la inversa: si replicas o imitas sutilmente algunos gestos, posturas o modo de sentarse de tu interlocutor, sus neuronas espejo lo reconocerán y es posible que se genere una red invisible entre vosotros que haga que sienta una mayor conexión contigo a nivel inconsciente. Y es que tendemos a valorar de forma positiva a las personas que son afines a nosotros en gestos y movimientos.

Sin embargo, debes tener cuidado en tu imitación, pues la línea que separa el uso de las neuronas espejo de tu interlocutor y que crea que te estás riendo de él es muy delgada.

El contacto visual y las miradas

«Los ojos son el punto donde se mezclan alma y cuerpo», dijo el poeta y dramaturgo Friedrich Hebbel. Seguramente pocas cosas han fascinado tanto a la humanidad a lo largo de los tiempos como la mirada. Ninguna otra parte del cuerpo es capaz de transmitir tanto, de generar tantas interpretaciones ni de recibir tantos calificativos como la mirada: de complicidad, seductora, de cansancio, inquisidora, delatora, asesina, desafiante, de deseo, de rechazo, lujuriosa, de sumisión, de sorpresa, de alegría, de felicidad, de miedo, de enfado, huidiza, de tensión, coqueta, de pena y un etcétera casi infinito. Y tampoco a ninguna otra parte del cuerpo es fácil darle tanta importancia como a los ojos a la hora de interpretar el lenguaje no verbal de alguien.

Tendemos a darle más valor a la información que obtenemos de la mirada de alguien que a lo que pueda decirnos cualquier otra parte de su cuerpo. Porque la mirada suele ser siempre espontánea, auténtica y real. Cuando no lo es suele hacer saltar las alarmas a más de uno: cualquiera se extrañará ante un exceso de contacto visual o un corte abrupto de este, una alteración del parpadeo o movimientos extraños con las cejas, por poner algunos ejemplos.

Y es que, a la hora de transmitir algo a alguien, el contacto visual es el punto de inicio. Es la manera de que ambas partes, o las que sean, se digan que están listas para empezar a comunicarse. Al contactar con la mirada hacemos que las personas se sientan interpeladas y conectadas. Establecer contacto visual con alguien es como una señal para dar paso al diálogo. Hablar con una persona sin mirarla a los ojos afecta negativamente a la conexión y, además, hace que te pierdas todo el componente no verbal de la conversación, que es el que comprende generalmente la mayor parte del proceso de intercambio e interpretación de la información. Si tu voluntad es que la persona que quiere comenzar una comunicación contigo se encuentre a gusto, procura poner toda la intención del mundo en generar un buen contacto visual.

CUANDO MIRAMOS A ALGUIEN A LOS OJOS

Mirar a alguien a los ojos activa un sinfín de procesos en nosotros. Nos hace tomar conciencia de nosotros mismos y de la otra persona, y nos ayuda a empatizar con ella.

Hablar a alguien mirándolo a los ojos aumenta nuestras posibilidades de persuasión, pues transmitimos mayor voluntad de comunicación a nuestro interlocutor. Le mostramos interés y compromiso por el diálogo que vamos a tener. Nos hace sentir interpelados y conectados. Por eso conectarás mejor con un grupo de personas a las que estás hablando si estableces contacto visual con cada una de ellas mientras dure la conversación.

En marketing se tiene muy en cuenta la manera en que las personas reaccionamos a un contacto visual. No es casualidad que las mascotas que aparecen en las cajas de cereales miren hacia abajo. Normalmente en los expositores se encuentran a mayor altura que los niños y, como miran hacia abajo, establecen contacto visual con ellos; eso hace que el impacto aumente y sea más positivo (que además estén mirando al plato de cereales que suelen tener debajo es circunstancial). De hecho, en algunos países prohibieron explícitamente la aparición de mascotas en las cajas de cereales para niños. Mientras tanto, en las cajas de cereales para adultos en donde aparecen personas estas suelen mirar al frente, que es en la dirección en la que encontrarán la mirada del adulto, el comprador potencial.

El contacto visual que establecemos con otra persona al dialo-
gar con ella varía en función de si estamos hablando nosotros o no.
Lo normal es que abarque un 60 por ciento del tiempo cuando hablamos nosotros y un 40 cuando escuchamos, aproximadamente. El
tiempo que no estamos mirando a los ojos de nuestro interlocutor lo
empleamos en hacer miradas para pensar, recordar, controlar el entorno, etc.

Sin embargo, la alteración sostenida de estos porcentajes puede
indicar que algo impide la fluidez total en la comunicación (vergüenza, timidez, mentira, mala relación con la otra persona, deseo de acabar la conversación...). A su vez, una rotura súbita, puntual y no natural del contacto visual también suele apuntar que algo que acabas
de escuchar o ver ha generado un impacto negativo en ti. Es relativamente fácil para todo el mundo diferenciar entre un desvío de
mirada natural, que forma parte del flujo normal de intercambio con
otra persona, del que hacemos en estas situaciones. Como cuando
oímos algo que no nos gusta o no estamos de acuerdo con ello, por
ejemplo.

También existe un momento en el que rompemos momentánea-
mente el contacto visual para pensar mejor, para concentrarnos de
manera más eficiente y encontrar la mejor forma de gestionar la situación. Ocurre porque el cerebro está procesando sin cesar lo que
ven nuestros ojos. Por eso, cuando queremos concentrarnos en algo
no estricta o necesariamente relacionado con lo que vemos, los cerramos. Al hacerlo eliminamos los estímulos visuales que el cerebro
está constantemente procesando, y así esta tarea se desactiva. A menudo esta acción se acompaña con un gesto de stop con la mano, en
el caso de que, por ejemplo, se siga hablando a la persona que está
intentando concentrarse. Deberías intentar no interrumpir a quien
se encuentre en esta situación.

ELEMENTOS QUE INFLUYEN EN EL CONTACTO VISUAL

No todo el mundo encaja o gestiona de manera positiva un contacto visual ni todas las personas lo hacen del mismo modo con todo el mundo y en todas las circunstancias.

Ten en cuenta que la personalidad de cada uno tiene un gran impacto en la forma de establecer contacto visual, como hemos visto en otros casos. Las personas más abiertas, empáticas y extrovertidas tienden a tener más facilidad para hacer más contacto visual y durante más tiempo que las tímidas, introvertidas o reservadas. También influye si se tiene una personalidad más o menos dominante.

En este sentido, a algunas personas se les hace muy difícil establecer contacto visual con quienes las están viendo o escuchando, sobre todo si se trata de un grupo numeroso, ya sea por vergüenza o timidez, o por temor a que les afecten las reacciones de su audiencia, y se esconden y miran casi todo el tiempo al suelo, a la pared o al proyector. En ningún caso es una buena idea, ya que dificulta enormemente la creación de vínculo o conexión con la gente.

> Si te cuesta establecer contacto visual con tu audiencia, intenta hacer contactos visuales cortos, de dos o tres segundos, con personas aleatorias repartidas por todo el espacio y, si es posible, apóyate en conocidos mientras hablas en público. Una mirada o sonrisa de complicidad suya de vez en cuando puede darte alas para continuar.

La relación entre las partes implicadas en un contacto visual también desempeña un papel muy importante. Es probable que hagas un contacto visual más vago o fugaz, o menos involucrado, con alguien que genere una reacción negativa en ti: pesadez, hastío, aburrimiento, o que directamente te niegues a hacerlo por el enfado o ira que esa persona despierta en ti, pues no deseas tener ningún tipo de relación con ella.

Si de manera generalizada tienes problemas para hacer contacto visual con tu interlocutor en cualquier situación, puedes probar a pedirles a personas muy cercanas que te dejen practicar con ellas con tal de ir ganando confianza para hacerlo con otras. Incluso en You-Tube existen vídeos creados para ello, donde una persona mirará fijamente a la cámara durante varios minutos para que tú puedas practicar el contacto visual.

LEYENDO LOS OJOS DE LOS DEMÁS

Más allá de utilizar el contacto visual para marcar el inicio de una interacción y conectar a las personas, los ojos tendrán siempre la intención de comunicar a quien nos mira cómo y qué sentimos realmente en cada momento. Y es que los ojos casi siempre van por libre. Muy a nuestro pesar, a menudo hacen todo lo posible por delatarnos y mostrar nuestras verdaderas intenciones, aun cuando de manera consciente querríamos evitarlo a toda costa. Podemos intentar limitar el movimiento de las manos si estamos nerviosos, pero es imposible controlar la dilatación o contracción de la pupila, por poner un ejemplo, o ciertos movimientos inconscientes que hacemos con los ojos.

Por todo ello, podemos obtener una información muy valiosa sobre los pensamientos, las emociones o las sensaciones de alguien a través de las señales inconscientes que mandan sus ojos.

La velocidad del contacto visual

La velocidad con la que alguien establece contacto visual con nosotros puede ser determinante. Si alguien busca nuestros ojos más rápido de como lo solemos hacer de manera normal, es porque ha sido alertado, ya sea en clave negativa o positiva. Algo de lo que hemos dicho o ha visto en nosotros ha llamado considerablemente su atención. Y al revés: si notas que alguien se muestra lento en exceso a la hora de contactar visualmente contigo, quizá sea porque no le supone un gran estímulo o tal vez no quiere o no puede abandonar la actividad que está llevando a cabo para ponerse a hablar contigo.

La duración de la mirada

Se estipula que la duración normal de una mirada espontánea, del tipo que podemos establecer con alguien con quien nos cruzamos por la calle o alguien a quien miramos para darle el dinero cuando le compramos algo, está por debajo de los tres segundos o tres segundos y medio. Pasar de ahí suele generar incomodidad a la mayoría de las personas.

Por otro lado, cuando dos personas lo desean o lo validan, una mirada prolongada y sostenida a voluntad se lleva prácticamente toda nuestra capacidad de atención e ignoramos de modo inconsciente lo que pasa a nuestro alrededor. El psicólogo Arthur Aron llevó a cabo un experimento en el que demostró que cuando dos personas se miran fijamente y en silencio a los ojos durante cuatro minutos, generan entre ellas una conexión, cercanía e intimidad casi instantánea. Haz la prueba con alguien, seguramente es algo que muy poca gente haya hecho alguna vez.

La dirección de la mirada

Existen patrones de dirección de movimientos de los ojos que pueden indicarnos si una persona está accediendo a imágenes, sonidos, sensaciones o a un diálogo interior, y a su vez si los está recordando o construyendo. Los ojos reaccionan y se mueven conforme a mecanismos que se activan en el cerebro, y la dirección adonde miran es un reflejo de estos.

De manera gráfica lo representamos así:

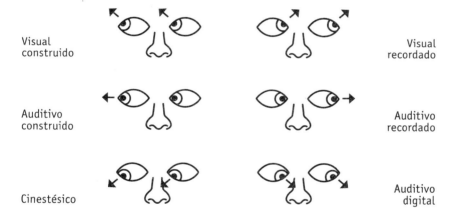

Visual construido — Visual recordado

Auditivo construido — Auditivo recordado

Cinestésico — Auditivo digital

VC: Visual construido. Construimos, imaginamos escenas o situaciones que no hemos vivido. Es la dirección adonde mirarías si alguien te preguntara cómo serían tus vacaciones ideales en un sitio en el que no hayas estado nunca.

VR: Visual recordado. El proceso de recordar imágenes. Mirarías aquí si alguien te pregunta cómo estaban decoradas las paredes de tu habitación cuando eras niño.

AC: Auditivo construido. Donde miras para imaginar palabras, sonidos. Aquí mirarías para pensar en cómo construir un discurso cuando llegue tu turno de palabra.

AR: Auditivo recordado. Miramos aquí para recordar sonidos, palabras o conversaciones que hayamos tenido. Aquí mirarías para recordar, por ejemplo, la última conversación que tuviste ayer.

C: Cinestésico. El lugar al que acudimos con los ojos para conectar con sensaciones y emociones.

AD: Auditivo digital. Nuestra mirada cuando tenemos un diálogo interno con nosotros mismos.

IMPORTANTE: Esto no es un método de detección de mentiras, como mucha gente a menudo difunde. Muchos piensan que, si contestamos a algo mirando arriba a la derecha, estamos mintiendo, ya que estamos construyendo imágenes, mientras que si quisiéramos decir la verdad tendríamos que mirar arriba a la izquierda para recordarlas. Esto no tiene por qué ser así, como veremos en el siguiente capítulo. Mentir es un proceso muy complejo que puede incluir diversas partes que implican mirar a lugares diferentes. Por ejemplo, mientras estamos diciendo una mentira podemos recordar en un momento puntual qué pasó en realidad para asegurarnos de no decirlo, de tal modo que iremos alternando el visual construido con el recordado. Además, esta estructura de movimientos no se usa todo el tiempo al cien por cien ni mucho menos, y solo afecta a la gente diestra con lateralidad homogénea. El resto de las personas puede hacerlo de manera diferente o inversa.

PARTES DE UNA MIRADA

Las cejas

Las cejas son algo más que dos elementos que nos ayudan a proteger los ojos del sudor o de la lluvia. Son también todo un sistema de comunicación en sí mismas.

Las levantamos exageradamente cuando queremos que alguien nos crea, cuando intuimos que le va a costar hacerlo. Hemos aprendido que a las personas nos llama la atención ver a alguien con cara de sorpresa y así es más fácil que nos den la oportunidad de escucharnos, y, a la vez, de creernos.

Si cuando alguien te formula una pregunta lo hace con las cejas levantadas (suelen formarse unas líneas horizontales en su frente), ándate con ojo. O bien hay escepticismo en su pregunta o bien te está diciendo que conoce la respuesta de antemano y no espera de ti otra contestación que la que ya tiene en mente.

Hacemos un breve levantamiento de cejas a modo de saludo. Si alguien te hace únicamente este gesto para saludarte, a menudo es para decirte que no tiene demasiada voluntad de relacionarse contigo más allá del saludo, por la razón que sea.

Levantamos una única ceja como muestra de duda, discrepancia o rechazo por algo que hemos visto, escuchado o sentido. A veces ese levantamiento puede ser muy fugaz, como un golpe de ceja; esta no necesariamente debe permanecer arriba.

Habitualmente es la parte del cuerpo que elegimos para rascarnos en momento de duda. En el capítulo ocho hablaremos de cómo las utilizamos para transmitir y comunicar emociones.

El lenguaje de los párpados

En situaciones de normalidad, parpadeamos, más o menos, una vez cada cinco segundos. Existen una serie de circunstancias puntuales que pueden alterar el parpadeo, como veremos a continuación. Debes tener en cuenta esta alteración sobre todo si se produce como reacción inmediata a algo que está sucediendo o acaba de suceder, ya que situaciones de, por ejemplo, estrés o nervios continuados suelen aumentar el ritmo y la velocidad de parpadeo de quien las sufre. En este caso, estos cambios de parpadeo no tienen por qué responder a una causa puntual. Igual que si se trata de tics nerviosos o de condiciones ambientales no relacionados con el comportamiento. De nuevo, cuanto mayor sea la información de la que dispongas, mejor será tu lectura del lenguaje no verbal.

- **Aumentar nuestra atención o concentración.** De manera instintiva, nuestro cerebro bajará el ritmo de parpadeo ante algo que necesite muchos recursos mentales. De hecho, ante una pantalla del ordenador o del móvil, la frecuencia de los parpadeos se reduce de forma considerable. Tú mismo puedes constatar esto. Intenta aguantar un minuto sin parpadear mirando al vacío. No podrás. Intenta hacer lo mismo concentrándote en algo, un videojuego que requiera mucha atención, por ejemplo. Casi como por arte de magia desaparece la necesidad de parpadear.

- **Sorpresa, no comprender lo que estás percibiendo o desconfianza.** En este caso se producirá un aumento de la velocidad de parpadeo. Pero si la sorpresa es muy grande o te hace conectar con una emoción muy fuerte, entonces es probable que pase justo lo contrario, que el parpadeo cese.

- **Escepticismo.** Un parpadeo exagerado, a menudo abriendo mucho los ojos, nos sirve para comunicar que lo que acabamos de ver o escuchar nos genera escepticismo.

- **Cuando estamos bajo un impacto emocional.** En este caso reaccionaremos aumentando nuestra frecuencia de parpadeo, haciendo parpadeos cortos y muy seguidos entre sí. Lo solemos hacer cuando nos estamos emocionando o cuando ya estamos emocionados.

- **Reaccionar a algo que te remueve, que te impacta.** Una reacción natural con los párpados en estos casos es la de hacer uno o dos parpadeos más lentos y largos. Es una manera de, o bien cortar el contacto visual con lo que ha generado esa sensación, o bien eliminar estímulos visuales y concentrarnos mejor en digerir lo que acaba de pasar.

- **Enviar señales de que no necesitas más información.** Tendemos a hacer parpadeos más largos y lentos cuando no queremos recibir la información que se nos está proporcionando o sentimos que ya hemos recibido suficiente. Es una forma de cortar gradualmente la conexión visual con nuestro interlocutor. Por regla general, las personas notamos esto y reaccionamos inconscientemente en consecuencia. En este sentido, hubo un genial estudio del Instituto Max Planck de Psicolingüística. Pusieron a personas reales a hablar con avatares a los que se les podía ajustar el ritmo de parpadeo. Los avatares iban haciendo preguntas a las personas, y todas ellas tuvieron el mismo comportamiento: sus respuestas se volvieron más cortas cuando el avatar hacía parpadeos más largos. Pero lo mejor es que cuando al final les preguntaron si habían detectado algo extraño en los párpados, nadie dijo haberse dado cuenta de nada.

- **Mostrar interés.** Una manera muy espontánea de decir que algo ha llamado nuestro interés y que vamos a prestarle atención es cuando tensionamos o apretamos ambos párpados y fijamos la mirada en el punto en cuestión. El típico gesto que hacemos de entrecerrar los ojos para aguzar la vista y si por ejemplo vemos algo borroso por lo lejos que está. Por ello debes descartar que el gesto se deba simplemente a esta necesidad de mejorar la visión, claro. Este gesto también puede indicar que la persona está confundida o está siendo incapaz de digerir y procesar toda la información que está recibiendo.

Las señales de las pupilas

Podemos utilizar la lectura de la pupila como una herramienta para conocer el nivel de atracción o interés de alguien por algo. Diversos estudios han constatado que la pupila se nos dilata como reacción a algo que nos gusta o que genera un impacto positivo en nosotros. Por el contrario, se contrae cuando algo nos genera rechazo. Considera siempre que los factores externos (la luz, sobre todo) pueden influir en el comportamiento de la pupila.

El blanco de los ojos

Llamamos comúnmente «blanco de los ojos» a la esclerótica, al recubrimiento blanco del exterior del ojo. Solo los humanos tenemos una esclerótica grande, blanca y fácilmente diferenciable del iris. Esto nos permite disponer de una herramienta que no posee ninguna otra especie más en el planeta: la dirección de la mirada.

Por lo general, solo en ocasiones dejamos ver la parte de la esclerótica que está por encima y por debajo del iris. Puede ocurrirnos cuando conectamos con una emoción que nos hace abrir los ojos (lo veremos con más detalle en el capítulo de las emociones), sobre todo cuando experimentamos sorpresa o miedo. Si ves el blanco de los ojos de alguien en esta situación, normalmente es porque la emoción que siente es real.

Algunas personas muestran constantemente esta parte inferior de la esclerótica casi de manera recurrente, debido sobre todo a la morfología de los ojos. También ocurre si generalmente acostumbran a ir con la cabeza agachada y no la levantan para establecer contacto visual. En estos casos, la sensación que suelen transmitir es de tristeza. Lady Diana acostumbraba a tener esta mirada.

CUANDO NO NOS SENTIMOS OBSERVADOS

Podemos obtener mucha información del pensamiento o la emoción real de alguien cuando esa persona en cuestión no se siente observada. Fíjate en las expresiones de las personas que están en un segundo plano. O en sus caras cuando están abrazando a alguien y saben que ese alguien no puede verlas. O en qué hacen cuando terminan de saludarse con alguien y se rompe el contacto visual. O en cómo actúan los protagonistas de algo que se ha estado registrando con cámaras y termina la grabación. Y es que las personas tendemos a actuar a menudo casi bajo un manto de invisibilidad que nos inventamos cuando creemos que no nos están observando, con independencia de que realmente sea así o no.

Por otro lado, cuando trabajas en equipo deberías tener siempre en cuenta este factor si el foco de atención no está en ti, pero sí en algún compañero. Si sois, por ejemplo, tres personas haciendo una presentación, será importantísimo para quien esté hablando que tu cara refleje una sonrisa (si procede) o un gesto amable que le haga sentir que todo va bien. Si, por el contrario, y dejándote llevar por la sensación de invisibilidad, tu cara es demasiado neutra, inexpresiva o genera alguna mueca negativa, es posible que metas en un problema a tu compañero si en algún momento te mira, ya que puede pensar que está haciendo algo mal o que algo no acaba de funcionar del todo.

En ambientes de trabajo, ten cuidado con una mirada que puede perjudicar tu imagen hasta el punto de desacreditarte: la mirada de aprobación. Es posible que alguna vez hayas dicho algo importante a un grupo de personas y enseguida hayas buscado con la mirada a alguien dentro de ese grupo porque lo reconoces como una figura de autoridad seguramente superior a la tuya. Lo haces de forma inconsciente para buscar su aprobación y al hacerlo te estás desautorizando delante de todo el grupo. En ocasiones le dedicamos también esa mirada de manera recurrente a alguien que constantemente pone en entredicho lo que decimos, para asegurarnos de que esa vez no va a hacerlo. Tenemos que evitarlo.

Sonrisas

Sonreír es una de las armas más potentes que tenemos para mejorar nuestra comunicación y relación con los demás, para llegar mejor y cautivar con mayor facilidad a nuestra audiencia. Se trata de un mecanismo social que activamos para expresar positividad hacia aquello que vemos, oímos o sentimos. También es un saludo para expresar buenas intenciones hacia la persona a la que le sonríes. Pero esto es solo la punta del iceberg. Existen infinidad de causas, razones, tipologías, motivaciones y efectos detrás de sonrisas que en apariencia no eran más que eso, una sonrisa.

De hecho, existen diversos tipos de sonrisa, y en absoluto todas ellas se asocian a momentos de alegría o felicidad. Carney Landis, psicólogo americano, concluyó en sus estudios de principios del siglo pasado que existen hasta diecinueve tipos de sonrisas, y de ellas solo seis se corresponden con momentos felices. Las otras las utilizamos para enmascarar o falsear emociones o para comunicar reacciones negativas por algo o alguien con quien estamos interactuando.

SONRISAS AUTÉNTICAS, SONRISAS FALSAS

Una sonrisa o risa auténtica es una reacción inmediata, genuina y espontánea a un estímulo que nos genera alegría, felicidad. Participan en ella más de una decena de músculos de la cara. Suben los pómulos y se dibujan arrugas de expresión en los ojos. Por eso decimos que los ojos también ríen y, aunque alguien lleve la boca tapada (por una bufanda o una mascarilla, por ejemplo), podemos saber por sus ojos que está sonriendo. Además, sube también el labio superior y es fácil que veamos la encía de quien ríe. Cuando la risa termina, no lo hace de manera abrupta. Hay una transición entre risa y la vuelta a la expresión original, que puede durar unos segundos.

A esta sonrisa se la conoce como la «sonrisa de Duchenne», por ser Guillaume Duchenne quien investigó sobre la fisiología de las expresiones faciales en el siglo XIX y describió cómo era la fisiología de una sonrisa auténtica y real.

Y luego tenemos las sonrisas falsas o sociales, que no responden a una emoción auténtica. Las que generamos de forma deliberada y a conciencia por varias razones. Agradar a alguien, sobre todo, pero también para transmitir un estado de ánimo diferente al que realmente tenemos, o para enmascararlo con una sonrisa si no queremos que la gente lo descubra. Podemos generar una sonrisa falsa también para compensar un exceso de negatividad que podemos estar viviendo. O por cortesía, educación o convencionalismo. O para destensar alguna situación que estemos viviendo con otra persona. Asimismo, podemos ayudarnos de sonrisas recurrentes para construirnos una imagen de positividad de cara a los demás.

Este tipo de sonrisa que generamos de manera voluntaria y forzada no logra alcanzar el mismo nivel de expresión ni implica los mismos músculos de la cara que una risa generada de manera auténtica. Por mucho que nos entrenemos, como hacen muchos políticos o personajes públicos, es muy difícil obtener el mismo grado de naturalidad con esta sonrisa que con una genuina.

Una sonrisa de este tipo tiene tres características. La primera, que los ojos «no ríen», como sí pasa con las sonrisas auténticas. No hay tanta elevación de pómulos ni se forman tantas arrugas de expresión en los ojos en comparación con lo que sí ocurre en una sonrisa auténtica. De hecho, si tapas esta imagen de la línea de puntos hacia abajo, no sabrás si la persona está sonriendo o no.

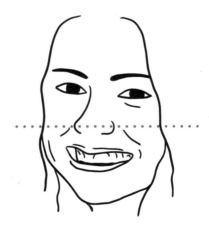

Algo que sí puedes ver si la mitad inferior que tapas es la de esta imagen:

La segunda es la tensión de los labios. Suelen mostrarse más rígidos y tensos que en una sonrisa auténtica, y el labio superior no sube tanto. Esto provoca que la boca no se abra tanto por la parte de arriba como en una sonrisa genuina, y tampoco se elevan tanto los pómulos.

La tercera característica es lo abruptamente que desaparece la sonrisa de la expresión facial de quien sonríe. Al contrario que en las sonrisas auténticas, no hay una transición natural de vuelta a la expresión previa a la risa.

EL EFECTO DE LA SONRISA EN NOSOTROS

Cada vez que nos reímos, experimentamos una reacción parecida al contacto físico deseado, como hemos visto en capítulos anteriores. El cerebro libera agentes que contribuyen a mejorar nuestro estado de ánimo general: endorfinas, serotonina, dopamina, oxitocina.

Nos hacen experimentar una sensación de bienestar físico y emocional, de felicidad. Obtenemos placer y algunas actúan como analgésico natural. Además, nos ayudan a estar más despiertos y receptivos.

La risa reduce los niveles de cortisol, conocido como «la hormona del estrés», y por tanto baja nuestros niveles de estrés y ansiedad.

Pero lo más sorprendente es que el cerebro no necesita que la risa sea genuina para activar estos mecanismos. Forzar una serie de carcajadas puede generar en nosotros que acabemos teniendo carcajadas reales y que obtengamos los mismos efectos que si esas carcajadas hubieran surgido espontáneamente por algún estímulo positivo. Charles Darwin ya decía que la simulación de una emoción tiende a despertarla en nuestra mente.

De niños reímos de media entre trescientas y cuatrocientas veces al día, mientras que como adultos lo hacemos entre veinte y cincuenta veces.

El efecto en los demás

La risa es una de las emociones más contagiosas. A menos que las circunstancias lo impidan, ver a alguien reír genera un impacto positivo en los demás. Fomenta y mejora la convivencia y las actitudes positivas. Mejora las conexiones sociales y las relaciones entre las personas.

Utiliza siempre la sonrisa de manera natural en escenarios donde sea adecuada: exposiciones, reuniones, presentaciones… Transmitirás relajación, seguridad y sensación de estar plenamente conectado con aquello de lo que estás hablando, parecerás más competente. Además, debido a un mecanismo de imitación interno, es posible que tus interlocutores sientan también un deseo de sonreír, con lo que les comporta de positivo. Este mecanismo tiene como responsables las neuronas espejo, como hemos visto antes.

La risa es contagiosa: por algo en las comedias televisivas llevan años utilizando risas enlatadas para intentar contagiar al espectador.

LA SONRISA TELEFÓNICA

Es probable que más de una vez hayas estado con la sonrisa puesta durante toda una llamada telefónica y, sin ser consciente de ello, al colgar hayas dejado de sonreír de golpe.

La sonrisa telefónica, la que ponemos cuando hablamos por teléfono, puede parecer un sinsentido: no vale la pena sonreír si la otra persona no te ve. Pero no es así. La sonrisa tiene un impacto en el tono de voz de quien sonríe: el habla se vuelve más cálida y cercana, y nuestro interlocutor lo percibe tanto si nos ve como si no. Esto mejora el vínculo y la empatía que pueda existir entre ambos. Y al hecho del impacto en el habla tenemos que sumar los beneficios que nos reporta de por sí la sonrisa, como ya hemos visto.

Por eso en casi todos los *call center* piden al personal que se pase la llamada sonriendo, y por eso muchos de nosotros lo hacemos de manera inconsciente cuando llamamos por teléfono.

RISAS INAPROPIADAS

Es probable que alguna vez se te haya escapado una risa en un momento en teoría inapropiado. Una situación de negatividad, ansiedad, tristeza, estrés o incluso miedo. O nervios, de ahí el origen de la expresión «risa nerviosa». Puede que incluso no seas consciente de esta risa y no entiendas las miradas de desaprobación que te dedica quien te mira. En ocasiones puede ser también muy difícil controlarla o pararla.

Esta risa puede deberse a un mecanismo inconsciente del cerebro para regular, compensar, disminuir los niveles de tensión, estrés o negatividad que estamos viviendo. Es una manera que tiene el cerebro para volver a la normalidad emocional, a la estabilidad. Y es que la risa en nuestro organismo actúa como compensación al impacto negativo.

Por otro lado, esta risa inapropiada puede ser también una manera no consciente de enmascarar la negatividad que estás experimentando de cara a quien te la ha provocado. Es una forma de comunicar que no te ha afectado tanto como tu primera reacción puede sugerir. Tenlo en cuenta antes de sacar conclusiones precipitadas la próxima vez que veas a alguien reír en una situación inapropiada.

Por último, no hay que olvidar que, en ocasiones, este tipo de risa inapropiada puede deberse a alguna psicopatología.

Cuando lloramos de tanto reír estamos aplicando el mismo mecanismo. Del mismo modo que el cerebro utiliza una maniobra positiva, la risa, para compensar un exceso de negatividad, utiliza una maniobra negativa, el llanto, para compensar un exceso de positividad. El cerebro se encuentra mejor en el centro, no en el extremo.

El manejo de los silencios

En una interacción social, los momentos en los que no se habla pueden tener mucha más importancia que aquellos en que sí. Sin embargo, con frecuencia tendemos a evitar cualquier silencio que pueda resultar incómodo.

Nuestra capacidad de comunicación y persuasión puede aumentar de forma considerable si sabemos gestionar, y también fomentar, estos silencios.

TIEMPO PARA PENSAR

Por ejemplo, tomarnos un momento de silencio para pensar antes de contestar a una pregunta importante nos puede servir para transmitir una sensación de serenidad, confianza y seguridad, además de para pensar una respuesta mejor, claro.

Mantén una corporalidad tranquila y serena, y estarás comunicando que puedes con la presión de tener a gente esperando a que hables. No todo el mundo es capaz de hacerlo. La mayoría de las personas se apresura y, a menudo, se atropella con tal de responder rápido y evitar cualquier silencio incómodo.

DAR IMPORTANCIA A LOS MENSAJES

Para que lo que has dicho tenga la importancia que merece y que, a la vez, quienes lo hayan escuchado puedan asimilarlo, deben existir momentos de pausa en que el cuerpo tampoco haga demasiado movimiento. Es una manera de remarcar con el lenguaje no verbal eso a lo que quieres darle más importancia y que tus interlocutores hagan lo mismo. También puedes usarlo antes de anunciar algo importante; conseguirás, además, aumentar o crear expectación. Claro está que una pausa de apenas dos o tres segundos se te puede llegar a hacer eterna si tienes a todo el mundo mirándote, pero, si lo vas practicando poco a poco, cada vez te sentirás más cómodo y seguro al hacerlo. De igual manera, la imagen que se construye alguien de ti será más positiva si se da cuenta de que tienes seguridad y confianza para hacer este tipo de pausas.

Las pausas también son necesarias para darle a lo que dice tu interlocutor el valor que merece. Tu interlocutor puede interpretar tu breve silencio antes de empezar a hablar como un momento de reflexión para digerir lo que acabas de escuchar y preparar tu discurso antes de responder. Esto es necesario sobre todo después de haber escuchado algo sumamente importante o que el lenguaje corporal de tu interlocutor te haya transmitido que lo es. Por desgracia, mucha gente valora más la ocurrencia y la rapidez de habla, que alguien conteste con algo brillante justo después de que una persona haya dicho algo. La doble lectura que se puede sacar de esto es que ese alguien estaba más pendiente de lo que diría él a continuación que de escuchar lo que decía la otra persona.

OBTENER MÁS INFORMACIÓN

Los silencios también pueden usarse para obtener más información del interlocutor. En nuestra cultura los silencios son a menudo incómodos (no así, por ejemplo, en las culturas orientales, donde se valoran más y están más normalizados). Puedes aprovecharte de esta incomodidad generando un pequeño silencio justo después de que tu interlocutor termine de hablar si piensas que no te ha dicho todo lo que te interesaba escuchar.

Mantén una corporalidad abierta y enfocada a tu interlocutor, dispuesta a seguir escuchando. Por ejemplo, puedes simular que estás tomando alguna nota. A menudo la otra persona rellenará ese silencio incómodo alargando su discurso, y es probable que te dé información que de manera consciente había decidido no darte en una primera instancia. Ten en cuenta, sin embargo, cómo gestionas ese silencio y sobre todo su duración, para que la incomodidad que genera no acabe siendo demasiada.

Cómo te afectan los gestos y las expresiones de quienes te escuchan

Las caras, los gestos, las expresiones y las posturas que adopta la gente mientras te escucha tienen impacto en ti. Y así debe ser. Te sirven para ver cómo tu interlocutor recibe tu mensaje y te da pistas de si tienes que variar algo en tu discurso.

Es positivo ver a alguien ladear la cabeza a la izquierda mientras le estás hablando. Es una señal de aceptación, interés y conformidad con lo que se está viendo o escuchando. O que se acaricie el mentón o juegue con él mientras hablas. También que tenga el cuerpo orientado hacia ti y que no parezca distraído jugando con objetos o haciendo gestos de repetición constante. Que vaya manteniendo con interés el contacto visual contigo y, a ser posible, con una sonrisa o un rictus amable, a menos que la situación pida otra cosa.

El problema aparece cuando algunas caras, expresiones o corporalidades no son todo lo positivas que tú desearías y a la vez tienen un impacto desproporcionadamente negativo en ti. Los humoristas españoles Faemino y Cansado suelen decir que siempre que acaban un espectáculo tienen la suerte de que todo el mundo se levanta y les aplaude. Pero siempre hay uno o dos del público que no se levantan y se quedan sentados, con los brazos cruzados y con cara de pocos amigos. Y acaban fijándose en esos dos, y que toda la alegría que sienten por ver a (casi) todo el público levantado y aplaudiendo se desvanece al verlos.

Al fin y al cabo, se trata de un comportamiento muy humano: estamos programados para darle más importancia a lo negativo. Para poner el foco en ello. Es un mecanismo de supervivencia. Nos mantiene alerta y hace que no bajemos la guardia ante cualquier amenaza que pueda surgir.

Por eso es muy probable que, si estás hablando a mucha gente y ves alguna cara aburrida o contrariada, en cierta manera te vengas abajo y extrapoles lo que crees que está pensando esa persona de ti al resto de la audiencia. Lo mismo para caras lánguidas, bostezos, miradas perdidas. Posturas tensas o rígidas. Brazos cruzados. Gente echada para atrás en la silla.

Al fin y al cabo, es tu momento, se supone que eres el centro de atención único y absoluto. Pero eso es solo para ti. Ten en cuenta que hay condicionantes que impactan en el lenguaje no verbal de quienes te escuchan, contra los que tú no puedes hacer nada, ni siquiera saberlos.

Tal vez alguien adopte alguna postura que no comunique la mejor de las predisposiciones para escucharte, pero es una postura con la que se siente cómodo y tal vez ya no sabe cómo ponerse después de un rato de estar sentado.

Es normal también que alguien bostece mientras te escucha, por muy interesante que sea lo que estás contando, porque la noche anterior no ha dormido nada. También es muy normal que cualquiera saque el móvil y se ponga a mirarlo porque, pongamos de ejemplo, tiene seis llamadas perdidas de la persona que se ha quedado a cargo de sus hijos mientras asiste a tu charla. O quizá alguien esté disgustado porque está ahí en contra de su voluntad, no le interesa nada

lo que dices, pero le ha obligado a ir quien está escuchándote feliz-
mente a su lado.

Por todo ello no deberías preocuparte si ves alguna cara o corporalidad esporádica de desagrado entre la audiencia o algún gesto o expresión negativos. Sus razones tendrán. Además, es imposible agradar a todo el mundo. Preocúpate, eso sí, si el 80 por ciento
de tu audiencia está bostezando o con cara de muerte por aburrimiento.

Recuerda

1. Todo comunica, es imposible no comunicar.
2. Lo que dices con las palabras tiene que ser congruente con lo
   que dices con el lenguaje no verbal.
3. El lenguaje corporal tiene un impacto mucho mayor en la comunicación que el verbal en la mayoría de las situaciones.
4. Tu lenguaje no verbal puede influir en el cerebro igual que este
   lo hace en el cuerpo. Adoptar deliberadamente una buena postura o corporalidad impactará de manera positiva en tu cerebro e incluso contribuirá a mejorar tu estado de ánimo.
5. Una gestualidad abierta con una gesticulación fluida y congruente te hará parecer mejor comunicador. Una corporalidad
   con gestos cerrados y un exceso de gestos adaptadores es propia de experimentar una relación negativa con el entorno.
6. Evita el uso de barreras entre tú y tus interlocutores. Ponerte
   tras ellas puede darte una sensación de protección o seguridad
   que a la vez te aleja y desconecta de quien te escucha.
7. El uso que haces del territorio comunica cómo te sientes: ocupar tu espacio con naturalidad es positivo. Te encoges y utilizas menos espacio cuando algo anda mal.

8. Las personas nos orientamos hacia lo que nos llama la atención positivamente, y a la vez desviamos el cuerpo de lo que nos genera un impacto negativo.

9. Si hablando con alguien ves que empieza a desviar el cuerpo de ti y orientarse hacia otro sitio, te está diciendo que lo que ve o escucha le genera algún tipo de negatividad o rechazo.

10. El contacto físico deseado o validado tiene un impacto tremendamente positivo en nosotros y tiene la capacidad de revertir un estado de ánimo o corporalidad negativos.

11. Gracias a las neuronas espejo podemos empatizar mejor con las personas, entender qué sienten y prácticamente sentirlo nosotros también. Nos sirven para imitar gestos o corporalidades de alguien que validamos o tomamos como buen ejemplo.

12. Los ojos son espontáneos, auténticos e incontrolables. Con ellos comunicamos de verdad qué sentimos en cada momento.

13. Es relativamente fácil diferenciar entre sonrisas falsas y sonrisas auténticas. En las primeras los ojos no sonríen y los pómulos y el labio superior suben mucho menos. Además, suelen acabar de repente.

14. Los silencios y las pausas pueden llegar a ser igual de importantes o más que las palabras.

15. Relativiza y pon en contexto el lenguaje corporal de las personas que te estén viendo o escuchando.

2

Cuando algo anda mal

Cuando nos encontramos en armonía tanto con nosotros mismos como con los otros y en nuestro entorno, estamos en una situación de equilibrio, de tranquilidad. El cuerpo lo refleja a través de posturas relajadas y serenas, sin tensión ni rigidez. Todo fluye en lo corporal. Los gestos son armónicos y los movimientos se suceden con naturalidad.

Recuerda que a menudo nos guiamos por esta fluidez gestual para saber el nivel de confianza o conocimiento de alguien sobre casi cualquier cosa: establecemos un paralelismo entre la naturalidad con la que alguien se mueve y su dominio de lo que está haciendo o diciendo.

Pero todo eso cambia cuando esa armonía se rompe. Cuando vivimos situaciones adversas o difíciles, cuando no acabamos de ver algo claro, cuando mentimos, cuando estamos confundidos, incómodos o nerviosos. O cuando la realidad no se adapta a nuestras necesidades. O cuando la queremos modificar. O cuando la situación nos sobrepasa.

Esta disociación realidad-estado interno afecta a la fluidez de tus movimientos, al *flow* de tu cuerpo. Entonces aparecen los gestos tensos y rígidos, interrumpidos, los trompicones. Los momentos de colapso y cortocircuito. Las posturas de cierre, encogimiento y bloqueo. Los gestos constantes de autoapaciguamiento. Las señales de que algo anda mal, de que se ha roto la conexión entre nosotros y lo que estamos viviendo.

Y todo ello es muy difícil o prácticamente imposible de disimular. El cuerpo siempre encuentra la manera de comunicar qué estás sintiendo y le da igual si al hacerlo te delata. Aunque en ocasiones desearías ocultar tus verdaderas emociones o intenciones, siempre habrá una señal a nivel corporal que te delate. Porque el cuerpo siempre hará por reflejar por fuera lo que sientes por dentro.

Tal vez intentes disimular o enmascarar con palabras lo que transmite tu cuerpo. En tal caso, es probable que tus palabras vayan en una dirección (la que te conviene comunicar) y tu cuerpo en otra (la de la verdad). Y al no haber congruencia entre la comunicación verbal y la no verbal, llegan las suspicacias. Cuando percibimos que lo que oímos y lo que vemos son dos cosas diferentes, salta en nuestro interior una alarma interna. Es difícil que alguien crea a una persona que mientras habla de la importancia de estar tranquilos está temblando como un flan. Y así debe ser. Cuando existe incongruencia, debemos creer siempre al cuerpo antes que a las palabras.

A lo largo de este capítulo hablaremos de qué ocurre con nuestro cuerpo en este tipo de situaciones, cómo anticiparnos a ello y cómo gestionar circunstancias en que nuestro cuerpo empieza a enviar señales que no nos conviene mandar, así como cuando las vemos en los demás.

Cuando mentimos

No existe un solo gesto que por sí mismo signifique que quien lo muestra esté mintiendo. Sin embargo, existe esta creencia y muchas otras en torno a la posibilidad de detectar mentiras a través del lenguaje corporal de quien miente. La mayoría de estas creencias son falsas o toman como verdades absolutas lo que hay que considerar como un indicio o una pista. Porque así debemos tomarnos la interpretación del lenguaje no verbal de alguien cuando creemos que miente: como información complementaria, más o menos potente, que debemos poner en cuarentena hasta que seamos capaces de probar los hechos.

Porque mentir es un proceso muy complejo que impacta de muchas maneras en el lenguaje no verbal. Incluso el impacto en una persona puede ser diferente en función de la situación, su momento personal o a quién le esté contando la mentira. Y lo que experimenta alguien cuando está mintiendo puede confundirse fácilmente con nervios, incomodidad, ansiedad o estrés, de tal modo que a veces es muy difícil distinguir si lo que le pasa a alguien en lo que respecta al lenguaje corporal cuando está mintiendo es por la mentira en sí o por lo que le provoca la situación. O por ambos, claro.

Por norma general, mentir genera sensaciones negativas, pero existe gente a quien le alegra mentir, y eso es lo que su cuerpo refleja. Algunos mentirosos felices por sus mentiras pueden llegar a sonreír y relamerse los labios de deleite.

Además, cabe distinguir entre las mentiras preparadas y las que se crean sobre la marcha. Por supuesto, las primeras son más difíciles de detectar. También es posible que alguien se crea su propia mentira, una situación en la que tal vez su cuerpo no mande ninguna señal sospechosa de que está mintiendo. Otra mentira muy difícil de cazar es la de alguien que utiliza una historia real para contar una mentira. Por ejemplo, alguien que mienta sobre lo que hizo el día anterior y para ello te cuente con todo lujo de detalles y tranquilidad qué hizo dos días atrás.

También impacta la magnitud de la mentira. Según un estudio de la Universidad de Alabama, en Birmingham, mentimos un mínimo de quince veces al día. Muchas de ellas son mentirijillas o mentiras piadosas que tienen un impacto menor en nuestro cuerpo.

MENTIR SOBRE LAS EMOCIONES

Lo más difícil es mentir sobre las emociones. Son las que más impactan en nuestro cuerpo y siempre hacen por encontrar la manera de manifestarse por mucho que nosotros queramos evitarlo. Puedes probar a preguntarle a alguien cómo le hace sentir eso sobre lo que tú crees que te está mintiendo. Es muy probable que le cueste más seguir manteniendo la mentira. Y es que alguien puede estar midiendo y controlando cada gesto, cada expresión que utiliza mientras dice una mentira, pero una breve y fugaz microexpresión puede delatarlo sin que se dé cuenta.

También es difícil acotar cuánto debe durar la expresión de una emoción fingida en nuestra cara. A menudo, quien miente la alarga más de la cuenta. En el capítulo de las emociones encontrarás datos más precisos acerca de su duración cuando corresponden a una emoción auténtica.

El patrón de conducta habitual

Llamamos *baseline* a la línea de comportamiento habitual de una persona con respecto al lenguaje corporal. Cuanto más conoces a alguien, más conoces su *baseline* y más posibilidades tienes de detectar que te está mintiendo si su expresión corporal no es la habitual. Comparar su comportamiento en situaciones normales con el que manifiesta mientras tú crees que te está mintiendo te proporcionará más herramientas para detectar mentiras.

Imagina, por ejemplo, a una persona que siempre habla de manera nerviosa y acelerada, agitando mucho el cuerpo. Si tú sabes que actúa de esta manera con frecuencia, podrás descartar que este comportamiento se deba a que esté mintiéndote en un momento dado.

Debes tener también en consideración si su *baseline* está siendo alterada por el estrés o la ansiedad que le pueda estar generando el momento, con independencia de si miente o no.

Por todo ello, comprenderás que te será más difícil mentir a alguien que te conozca bien a ti y que conozca tu *baseline* que a un desconocido, y te resultará más sencillo descubrir a los que conoces.

Cuando no conozcas a la persona con la que vas a hablar y creas que en algún momento puede mentirte, puedes probar a preguntarle al principio de la conversación por algo sobre lo que sabes que va a decir la verdad, para observar su comportamiento base y tener una referencia. Puedes preguntar por el tiempo, el resultado de un partido de fútbol ya jugado, etc.

LOS GESTOS DE LA MENTIRA

Existen una serie de gestos que podemos hacer cuando mentimos sin que por sí solos signifiquen que en efecto estamos mintiendo. Si los observas en tu interlocutor, has de tener en cuenta el conjunto de sus gestos y no sacar conclusiones por un solo gesto aislado. Pero, si observas varios de ellos, es posible que algo esté pasando. No solo que esté mintiendo, sino que tal vez la persona te esté contando algo con lo que no está de acuerdo, o lo que te dice le genera también una incomodidad considerable. Tenlo presente al leer sobre todo los gestos que veremos a lo largo de este capítulo, y por tu parte procura evitarlos o controlarlos si mientes (para no levantar sospechas o suspicacias).

El contacto visual

Cuando creas contacto visual con una persona, estableces una conexión con ella.

Si hay armonía entre lo que piensas, sientes y estás viviendo, la gestión del contacto visual es fluida y natural. Las miradas se alternan con los desvíos de mirada con total naturalidad. Unas personas son más propensas que otras a establecer un mayor contacto visual, pero el patrón de conducta es más o menos el mismo durante toda la conversación.

A la hora de mentir, es muy común que el contacto visual de una persona con la otra se altere. Y puede ser en dos sentidos:

- **Reducir al máximo el contacto visual** para limitar la interacción y el cruce de miradas con la otra persona y así disminuir las posibilidades de ser descubierto.

- **Aumentar el contacto visual y fijar la mirada en la otra persona** para lograr que ponga solo el foco en nuestros ojos y que ninguna otra parte de nuestro cuerpo nos delate.

Al poco tiempo de haberse alterado significativamente el contacto visual, o si se hace de manera abrupta, le saltarán las alarmas a cualquiera.

El parpadeo

Mentir nos genera un trabajo considerable, pues para ello utilizamos muchos recursos de nuestro cerebro, muchísimos más que cuando contamos la verdad. Es un esfuerzo cognitivo en toda regla: tenemos que controlar las palabras y los gestos, y a la vez ir comprobando si nuestro interlocutor nos va creyendo o no, por si tenemos que introducir cambios en alguna de estas estrategias.

Y todo esfuerzo que requiera concentración suele tener un impacto en el parpadeo: parpadeamos menos que en situaciones normales. Así que podríamos decir que, cuando mentimos, parpadeamos menos.

Además de aportar una base teórica que justifique esta hipótesis, un estudio de la Universidad de Portsmouth averiguó también que las personas solemos empezar a parpadear más rápido cuando terminamos de decir una mentira, para, de este modo, compensar la escasez de parpadeo durante el relato.

Así pues, el patrón de parpadeo de un mentiroso podría ser parpadear menos mientras está mintiendo y más rápido cuando termina de hablar y mentir.

Los gestos con la cabeza

Desde bien pequeñitos aprendemos a decir que sí y que no con la cabeza asintiendo o negando con ella. Se convierte prácticamente en un movimiento espontáneo e involuntario que nos sale de forma inconsciente para acompañar nuestras palabras casi siempre antes de que las digamos.

Pues bien, este gesto puede delatarnos en más de una ocasión si queremos mentir sobre algo. Tal vez contestes que sí a una pregunta y sea una mentira porque en realidad quisieras decir que no. En tal caso, es bastante probable que mientras dices que sí con la boca, tu cabeza haga un gesto de negación. Tal vez minúsculo, fugaz y casi imperceptible. Y viceversa, que tu cabeza asienta a la vez que contestas que no a algo. Siempre que veas esto en alguien con quien estés hablando, debes tomar como respuesta válida el gesto de la cabeza.

No solo aplica a respuestas cortas en forma de sí o no, también puede pasar mientras estemos diciendo, por ejemplo, que estamos encantados de ir a un sitio, pero nuestra cabeza está diciendo lo contrario moviéndose de izquierda a derecha.

En ocasiones, usamos la negación con la cabeza para rechazar lo que acabamos de escuchar, y el gesto lo hacemos a la vez que estamos hablando, sin que ello signifique que neguemos con la cabeza lo que estamos diciendo. Por ejemplo, alguien puede preguntarte cómo estás debido a las últimas noticias que ha escuchado sobre ti. La pregunta puede molestarte porque esos rumores no son ciertos. Es posible que niegues con la cabeza para rechazar lo que acabas de oír mientras le explicas que estás bien, que eres muy feliz, sin que la negación con la cabeza signifique que en realidad no lo eres.

Micropicores y mentiras

Ya hemos comentado que los micropicores pueden aparecer cuando no hay concordancia entre lo que sentimos y lo que vemos, decimos y escuchamos. Estos micropicores también pueden aparecer a la hora de mentir. Por lo general, tienden a ocurrir por la zona central de la cara, es decir, por la parte de la nariz.

No obstante, debes recordar las múltiples causas que pueden provocar este comportamiento, como mostrar rechazo o duda por lo que estamos escuchando, o incomodidad, sin que necesariamente nada de esto sea mentir. Sin embargo, mucha gente ha asimilado el relato de que siempre que alguien se toca la nariz al hablar lo hace porque está mintiendo, y por ello debes evitar tocártela demasiado para evitar suspicacias, por muy infundadas que sean.

Recuerda, como siempre, tener en cuenta los micropicores en alguien cuando aparecen como una reacción a algo que acaba de pasar o cuando se hacen justo al empezar a hablar.

Taparse la boca

Es un gesto muy común hacer el ademán, a menudo interrumpido o disimulado, de llevarse la mano a la boca para literalmente taparla. Solemos hacer este gesto cuando lo que decimos no coincide con lo que sentimos, o cuando en realidad preferiríamos no tener que decirlo, como hemos visto en el primer capítulo. Mentir también puede generar este gesto. Es posible que, nada más decir una mentira, sientas el impulso de taparte la boca con la mano, como si tu cuerpo delatara que lo que acabas de decir no es verdad.

Labios sellados

Lo asociamos a momentos de frustración, pero también a otros en los que preferimos no decir lo que realmente quisiéramos decir. Literalmente sellamos los labios para que las palabras no salgan por ellos. Es un gesto relacionado con la mentira por omisión.

Mentir por omisión es callarse u ocultar información y, con ello, la verdad o parte de la verdad. Es probable que en una situación como esta nos delate el gesto de labios sellados.

Gestos de «créeme, por favor»

Existen algunos gestos que solemos hacer cuando tenemos interés en que alguien nos crea, sobre todo cuando entendemos que lo que decimos puede parecer mentira. Cuando los hacemos de manera espontánea y auténtica, merecen toda la credibilidad del mundo. Sin embargo, cuando mentimos, solemos recurrir artificialmente a ellos para que la otra persona tenga fe en nuestro engaño.

Algunos ejemplos serían:

- Llevarse la mano al corazón, el gesto que hacemos mientras hablamos para decir que lo que decimos lo decimos de corazón y, por tanto, es verdad.

- Mostrar constantemente las palmas de las manos.
- Levantar las cejas para que la otra persona nos crea.
- Asentir repetida y exageradamente con la cabeza.
- Hacer con las manos el gesto de plegaria o rezo para casi implorar la fe de nuestro interlocutor.

Exagerar estos gestos, repetirlos, marcarlos o alargarlos mucho podrían ser indicios de que alguien nos está mintiendo. Puedes fijarte también en un pequeño detalle: si los hace un instante antes de hablar o cuando ya ha empezado a hablar. Normalmente, cuando los usamos de forma inconsciente, sin ningún interés especial, nos salen antes de las palabras. Hacerlos después de empezar a hablar puede deberse a que son hechos con alguna intención consciente. Mentir podría ser una de esas intenciones.

No abuses de ellos para intentar convencer de nada a nadie: es probable que consigas el efecto contrario.

Gestos de incomodidad, nervios o estrés

El hecho de mentir puede generar en nosotros un impacto negativo en forma de bloqueo, incomodidad, ansiedad, etc., que puede verse reflejado en:

- Posturas de cierre o bloqueos.
- Búsqueda inconsciente de una escapatoria, a menudo orientándonos hacia otro punto donde no está la persona a la que mentimos. Los ojos y los pies son los primeros en «marcharse».
- Risa nerviosa, de las que utilizamos para enmascarar nuestro estado interno real o para compensar el exceso de negatividad que estamos viviendo.
- Alteración de la respiración.

- Gestos adaptadores (reconfortarse a uno mismo frotándose las manos, acariciándose la cara u otras partes del cuerpo).
- Gestos de repetición. Gestos que nos calman y reconfortan en situaciones de estrés, como puede ser jugar con un anillo, tamborilear con los dedos, darle vueltas a un bolígrafo, etc.

Se trata de gestos que pueden delatar a un mentiroso, pero esos también podrían ser fruto de la incomodidad o los nervios que le genere a la persona en cuestión el tema sobre el que está hablando, sin necesidad de que sea mentira.

Alteración del movimiento general

Cuando mentimos, nuestro cuerpo puede sufrir alteraciones en la manera de moverse. Esos cambios pueden ser en dos sentidos, contrarios entre ellos.

Es común que los mentirosos limiten los movimientos corporales todo lo posible, y a menudo con ello transmiten cierta tensión y rigidez. Lo hacen para reducir al máximo las posibilidades de ser cazados con algún gesto que los delate. Cuanto menos se expongan, menos probabilidades de quedar en evidencia.

Sin embargo, puede ocurrir todo lo contrario, que el hecho de mentir les genere tal estado de nervios y ansiedad que derive en una agitación excesiva y generalizada del cuerpo.

Cambios en el habla

El habla de las personas también se ve afectada a la hora de mentir. Por lo general, las afectaciones más comunes son:

- Tardar más en empezar a hablar cuando contestamos una pregunta con una mentira. Necesitamos más tiempo para pensar que si dijéramos la verdad.
- Hablamos en voz más baja y más rápido con la intención de exponernos lo mínimo y reducir el riesgo de que nos cacen.
- La voz puede tornarse más aguda y temblorosa por la tensión que experimentamos a nivel corporal, la cual impacta también en los músculos que intervienen en el habla.

Si piensas que alguien te está mintiendo con su relato, prueba a pedirle que te lo cuente de atrás hacia delante. Es muy difícil para el cerebro crear un relato falso invertido en el tiempo. Dicho de otra manera, nos cuesta mucho inventar una historia si nos la hacen relatar desde el final hacia el principio. Cuando lo hacemos, es fácil observar en nosotros un habla a trompicones, gestos de confusión y momentos de cortocircuito, porque al cerebro le supone un sobreesfuerzo tremendo. La policía en ocasiones utiliza esta técnica en sus interrogatorios.

Cuando sentimos nervios, ansiedad y miedo

Los nervios son un sistema de activación, por lo general de una intensidad no muy alta, que terminan cuando acaba lo que los provoca. Por otro lado, la ansiedad aparece ante algo que vemos como una amenaza. A menudo acude en forma de pensamientos negativos e irracionales que van sucediéndose de manera continuada. Por último, el miedo es la respuesta a un estímulo real y presente que nos hace temer por nuestra vida o supervivencia en mayor o menor medida.

Que un mismo estímulo genere en una persona un sentimiento u otro depende de sus experiencias (o falta de ellas) relacionadas con ese estímulo, de la percepción que tenemos de nosotros mismos o de las expectativas que podamos albergar. Por ejemplo, a una persona puede darle auténtico pánico hablar en público, y al cabo de un tiempo ese miedo puede acabar convertido en un pequeño estado nervioso en los momentos previos a salir a hablar.

Todos esos estímulos tienen un impacto considerable y visible en el cuerpo, que será de menor o mayor intensidad según el nivel de nervios, ansiedad o miedo que estemos experimentando. Ante un estímulo que representa una amenaza que no podemos controlar de manera racional, nuestro cuerpo se activa y se prepara para dar una respuesta física: huir o pelear, que es la forma favorita del cerebro para solucionar problemas gordos. Imagina que estás a punto de salir a hablar en público y que es algo que te aterroriza, así que tu cerebro decide hacerte un favor y activa los mecanismos de respuesta al miedo:

- **Aumento del ritmo cardiaco** para una activación generalizada de todos los músculos.

- **Respiración más agitada** para garantizar una mayor oxigenación. Prepararse para un esfuerzo (físico) requiere más oxígeno que el que obtenemos respirando en una situación normal.

- **Aumento de la sudoración.** La activación corporal genera un aumento de la temperatura interna, que el cerebro contrarresta haciéndonos transpirar.

- **Baja la capacidad de razonamiento.** Te habrá pasado alguna vez que discutes con alguien y al cabo de un rato se te ocurren las palabras o respuestas idóneas que no supiste dar durante la discusión. Eso pasa porque en un momento de tensión (o cuando estás conectado con una emoción muy fuerte), nuestra capacidad de razonar se ve mermada o limitada.

Y justo en ese momento oyes que alguien pronuncia tu nombre y te toca salir al escenario.

Comprender qué nos pasa y por qué en situaciones como esta suele sernos de gran utilidad. Nos ayuda a mejorar nuestra relación con lo que nos genera este estado. Y precisamente ahí tenemos que poner el foco, en el origen de ese estado. Toda esta respuesta corporal no deja de ser una respuesta o consecuencia de lo que nos provoca nervios, ansiedad o miedo. Que mañana tengas que conducir una reunión delante de todos tus jefes es algo que puede lograr generarte un alto estado de nerviosismo, pero seguro que te hará estar más tranquilo y rebajar esa activación corporal si te preparas y estudias los temas a conciencia, si ensayas el discurso, si intentas anticiparte y preparar la respuesta a cualquier objeción que puedan hacerte.

Otra manera de intentar controlar y rebajar este estado de activación corporal es concentrándose en la respiración, haciendo inspiraciones y espiraciones lentas y profundas. Es casi como un *reset* para nosotros. También puedes dar pequeños sorbos de agua o masticar chicle antes de salir a hablar o a hacer eso que te pone tan nervioso. Activando los procesos digestivos, el cerebro desactiva parte de la respuesta al miedo, puesto que entiende que son procesos incompatibles.

Piensa que a menudo este estado es sobre todo anticipatorio: se aligera cuando ya nos estamos enfrentando a eso que tememos tanto: un examen, un discurso, una conversación, etc.

> Otra respuesta al miedo es quedarse quieto, congelado. Suele darse en situaciones de miedo agudo.

EL LENGUAJE NO VERBAL DE LOS NERVIOS Y LA ANSIEDAD

Por supuesto, toda esta agitación interna tiene un impacto en nuestro exterior, en nuestro lenguaje corporal.

- Rigidez corporal y facial.
- Temblor en la voz. El diafragma y las cuerdas vocales están tensos y es más difícil usarlos con normalidad.
- Gestos de repetición constante, como tamborilear con los dedos, darle vueltas a un bolígrafo, juguetear con un anillo, etc.
- Gestos adaptadores: tocarse constantemente la cara, frotarse las manos o acariciarse con insistencia los brazos.
- Rigidez de las extremidades.
- Gestos de tensión: apretar los labios o los puños.
- Gestos de cierre.
- Esconder las manos.
- Rechazar o minimizar el contacto visual.
- Temblores o pequeños vaivenes o bailecitos.
- Movimientos menos fluidos, más a trompicones.

Estos gestos suelen aparecer en mayor medida al principio de una presentación, conferencia, etc. y van reduciéndose durante el tiempo de habla, si bien puede haber un repunte si se dan momentos de tensión o incomodidad. Para evitarlo en mayor o menor medida, puedes tratar de poner el foco de manera consciente en tu corporalidad desde momentos antes de empezar a hablar. Como ya hemos comentado en el primer capítulo, y además de las acciones propuestas en la introducción de dicho apartado, adoptar una corporalidad expansiva antes de salir a hablar, y también mientras se habla, tiene un reflejo positivo en tu estado de ánimo, y puede ayudarte, entre otras cosas, a reducir un estado de nervios.

Intenta no tirar piedras a tu propio tejado: no pretendas empezar una presentación con algo que te cueste explicar o requiera de ti una capacidad de concentración que tal vez no tengas en ese momento.

Si intentas controlar de manera consciente tu cuerpo mientras estás hablando en público, es probable que con el tiempo acabes haciéndolo inconscientemente y que no te suponga tanta energía ni te distraiga del mensaje que tienes que dar como al principio.

CONSEJOS PARA MEJORAR LA EXPRESIÓN CORPORAL AL HABLAR EN PÚBLICO

✓ Ensaya, ensaya y ensaya. Y vuelve a ensayar.

✓ Prepárate y estudia a fondo el tema sobre el que tienes que hablar.

✓ Grábate con el móvil cuando ensayes. Verte desde fuera te ayudará a ver qué cosas quieres cambiar y a asegurarte de tenerlo controlado en la medida de lo posible cuando llegue el momento.

✓ Establece contacto visual de unos tres segundos con diferentes personas aleatorias del público. Puede que se genere en ti la sensación de que al final estás hablando a personas concretas y no al grupo de doscientos asistentes que tienes delante.

✓ No te pares a pensar si la gente se dará cuenta de que estás nervioso. A menudo los demás ni se imaginan que lo estamos. Por supuesto, tampoco lo expreses en público. Tal vez te sientas más aliviado, pero es probable que la idea que alguien se haya hecho de ti empeore.

Algunos consejos que se suelen dar para mejorar el miedo a hablar en público, como tener un bolígrafo en la mano o imaginar que todo el mundo en la sala está desnudo, son, cuando menos, discutibles.

El bolígrafo puede tener un efecto de distracción en nuestra audiencia que tal vez no nos interese (a menos que estemos vendiendo bolígrafos) y también en nosotros mismos: de manera no consciente podemos empezar a trasladar los nervios al bolígrafo y jugar o moverlo incesantemente. Además, está tan instaurada la creencia de que la gente utiliza bolígrafos cuando no se siente a gusto hablando en público que para mucha gente ver a alguien hablando con un boli en la mano lleva un mensaje implícito de que no se le da bien hablar en público ni le gusta, ya sea cierto o no.

En cuanto a lo de ver a las otras personas desnudas, el problema es que se pone el foco en minimizar el valor de tu interlocutor, casi en ridiculizarlo para subestimarlo. Debería ser lo contrario, darle importancia máxima y trabajar para estar a su altura.

«Tierra, trágame»

Cuando algo nos desubica o nos desarma, o sentimos que nos caemos con todo el equipo, es muy probable que suframos una congelación corporal momentánea, incluyendo el habla. Nos ponemos blancos, o rojos, y se alteran todos los procesos mentales, y sobreponerse y pensar en una respuesta acertada lleva un tiempo. Es un momento de «tierra, trágame» en toda regla.

Es difícil salir airoso de una situación como esta, ya que todo el mundo dará por hecho que estamos reaccionando de forma negativa a algo que acaba de ocurrir. Además, solemos acompañar estos momentos de reacciones que tampoco nos benefician en nada, como mostrar sonrisas nerviosas. Si hablamos inmediatamente, es posible que balbuceemos o tartamudeemos, o sonemos muy agudos debido a la tensión que también experimentan los músculos relacionados con el habla. Tómate tu tiempo antes de hablar y concéntrate en la respiración para evitarlo en la medida de lo posible. Intenta adoptar una postura serena y expansiva.

Utiliza algún recurso para indicar que estás pensando lo que vas a decir. Tendemos a intentar salir al paso rápido de una situación de este tipo, y eso a veces juega en nuestra contra. Aunque pueda parecernos muy difícil, es posible tomarse unos segundos de silencio por mucha gente que esté esperando a que digamos algo. Nos servirá para tranquilizarnos y pensar cómo continuar. Los mejores oradores lo hacen a menudo.

LENGUAJE NO VERBAL EN SITUACIONES EMBARAZOSAS

En situaciones ridículas que comprometan nuestra imagen pública (como, por ejemplo, trastabillarnos, que se nos rompa la pata de una silla o que nos manchemos bebiendo café en presencia de otras personas), nuestro cuerpo instintivamente reaccionará primero encogiéndose, haciéndose pequeño. Agacharemos la cabeza y apartaremos la mirada de todo el mundo. Tal vez nos pongamos rojos. Lo mejor que podemos hacer es reírnos junto con quien nos mira, a menos que la situación revista gravedad. Así acabaremos de golpe con la tensión que es probable que se haya generado y distenderemos la situación.

El nudo en la garganta

En momentos de estrés o de alto impacto negativo podemos sentir que nos cuesta tragar saliva. Como si se nos hubiera desactivado el modo automático y tuviéramos que hacerlo manualmente. Al tener que hacerlo de manera voluntaria, nuestro gesto es más exagerado y visible que cuando lo hacemos sin pensar, cuando es prácticamente imperceptible para quien nos mira.

Esto se debe a que, como hemos visto, en situaciones que nos crean alarma el cerebro reacciona preparando el cuerpo para la lucha o para la huida, y ambas son incompatibles con los procesos digestivos, con lo cual el cerebro los interrumpe. En esos procesos se incluyen la salivación continua y la deglución posterior; dicho de otra manera, el cerebro desactiva el modo automático de los músculos responsables de tragar saliva, y cuando nos percatamos de que tenemos demasiada en la boca es cuando forzamos el gesto de la deglución.

El problema es que mucha gente asocia ese gesto a casi una autoinculpación, si por ejemplo alguien lo hace justo después de que le hayan acusado de algo. Esto no tiene por qué ser así. Una acusación puede ponernos en estado de alarma por sí misma, por el mero hecho de habernos sentido acusados, no necesariamente porque seamos culpables de nada. Y ese estado de alarma nos puede llevar a la dificultad de tragar saliva con normalidad.

Por tanto, cuando veas a una persona tragar aparatosamente debes interpretar que algo ha generado una alerta en ella, y no dar por supuesto ninguna culpabilidad. Si la hay, que es posible, deberías confirmarlo o averiguarlo por otros métodos.

De igual manera que a partir de ahora puedes fijarte en si alguien traga saliva aparatosamente para saber que algo se ha removido dentro de él, también te puede pasar a ti. Si sientes que tienes que tragar saliva y temes que la otra persona se percate, intenta llevar la atención de la mirada de tu interlocutor hacia otro lado mientras tragas: tus manos, algo que escribas en un papel para que esa persona lea, etc.

El lenguaje de la confusión

La confusión aparece cuando no logramos pensar de la manera en que lo hacemos habitualmente o cuando no tenemos las respuestas que quisiéramos dar. Y, por supuesto, tiene un impacto en el cuerpo.

En la mayor parte del mundo, el gesto más habitual para comunicar confusión es el encogimiento de hombros. Es muy difícil de controlar y a menudo lo hacemos de forma imperceptible, cuando estamos hablando y no sabemos qué más decir, o cuando nos preguntan algo cuya respuesta desconocemos. También podemos levantar un solo hombro. Si se te escapa este gesto antes de hablar, por muy convencido que parezcas durante tu intervención, siempre habrá quien piense que no estás tan seguro como parecen indicar tus palabras.

Este gesto puede completarse enseñando las manos en señal de honestidad, abriendo los ojos y sacando el labio inferior hacia fuera, a menudo exageradamente.

Ten en cuenta también que hacemos este mismo gesto cuando desdeñamos o no damos importancia a algo que se nos está diciendo; evita pensar siempre que debes asociarlo a un momento de confusión o duda.

También puede darse el hecho de que una persona refleje confusión cerrando los ojos para eliminar estímulos visuales y poder concentrarse y analizar mejor la situación que está viviendo, como hemos comentado en el apartado del contacto visual del primer capítulo.

Otro gesto que denota que estamos teniendo dificultad para construir nuestro discurso es rascarnos la frente o la sien, también por la zona de la ceja.

Puede ocurrir que tengamos la información y el conocimiento para hablar de algo con propiedad, pero que tengamos dudas sobre cómo construir un discurso o cómo articular una respuesta. Procura que este momento de duda no se refleje en exceso en tu cuerpo y acabes transmitiendo la sensación de no dominar algo que realmente sí dominas.

El que espera desespera

Imagina que vas a hacer una visita a alguien o tienes una cita, y tú llegas antes y esperas. Y van pasando los minutos. Más de la cuenta. Esperar puede ser algo tedioso o molesto de por sí. Porque te enfada la impuntualidad, porque desearías no haber llegado tan pronto, porque tienes muchas cosas que hacer o preferirías estar haciendo otras, porque a medida que pasan los minutos tus nervios aumentan, etc.

Tu cuerpo puede ser un libro abierto que evidencie que no estás precisamente disfrutando del tiempo de espera. Puede ser por nervios, ansiedad, incomodidad, enfado, etc. Si se añade alguna emoción que te genera un impacto negativo, todavía es peor.

Esta expresión corporal puede condicionar de forma negativa la impresión que alguien se hará de ti cuando vaya a tu encuentro y te vea. Deberías considerarlo si para ti es importante la primera imagen que esa persona se llevará de ti.

Mientras esperas, a menos que pretendas evidenciar con tu cuerpo tu estado interno, deberías evitar:

- **Hacer movimientos repetitivos de manera compulsiva**, como tamborilear con los dedos, abotonarte y desabotonarte la chaqueta, darle vueltas a un bolígrafo, andar dando golpes al suelo con el pie.

- **Hacer muecas de nerviosismo, enfado o incomodidad.** Espera a conocer las causas de la tardanza de tu interlocutor antes de hacer suposiciones que te estén envenenando por dentro.

- **Adoptar posturas corporales muy rígidas** que evidencian incomodidad o tensión. A menudo estas posturas van acompañadas de la típica pose que hace un futbolista cuando está esperando a que le lancen una falta en contra.

- **Abrir los brazos mostrando las palmas de las manos cuando llega la persona**; es un gesto que hacemos de manera inconsciente como para pedir explicaciones por la tardanza.

- **Mostrar tu incomodidad en la silla si estás sentado**, ya sea porque estás utilizando una postura de escape que delata tus intenciones de marcharte, porque te encuentras al borde, casi a punto de caerte, o porque no paras de moverte.

Una estrategia que utilizan muchos políticos es hacer esperar más de la cuenta a sus interlocutores cuando, por ejemplo, van a inmortalizar un saludo y un apretón de manos ante las cámaras. El invitado llega normalmente apenas unos pocos segundos antes que el anfitrión a la sala donde tendrá lugar el encuentro, pero esos segundos pueden alargarse y convertirse en una auténtica eternidad cuando el anfitrión dilata ese tiempo de forma deliberada, lo que suele ocurrir cuando no existe demasiada buena relación entre los protagonistas. Las cámaras, presentes en todo momento, recogen, en el lenguaje no verbal, la tensión o el nerviosismo del que está esperando demasiado, con lo que proyectará una imagen que seguramente no le beneficia.

EL FIN DE LA TENSIÓN

La tensión se caracteriza por impactar en el cuerpo haciendo que la rigidez aumente y casi lo bloquee. Cuando lo que nos ha llevado a ese estado acaba, tendemos a relajar todo el cuerpo. Por ejemplo, nos derrumbamos en la silla si estábamos sentados o soltamos un profundo suspiro. En momentos de tensión, contenemos la respiración y reducimos considerablemente el volumen de oxígeno que entra en el cuerpo. Cuando volvemos a una situación más estable, soltamos todo el aire para empezar a respirar con normalidad.

Tanto un gesto de derrumbamiento como un suspiro notorio pueden delatarte y comunicar que estabas experimentando tensión, incluso cuando el hacerlo te perjudica y nadie se había percatado de ello. Procura, en la medida de lo posible, controlarlos si no quieres que esto ocurra.

Recuerda

1. Nuestro cuerpo comunicará siempre hacia el exterior cualquier negatividad interna que estemos viviendo.
2. No existe un gesto único que por sí mismo signifique que alguien está mintiendo. La mentira suele ir acompañada de otros gestos asociados a otras emociones que pueden delatar al mentiroso.
3. No des por hecho que alguien te miente, te oculta información o cualquier otra cosa solo tomando como referencia algo que hayas interpretado de su lenguaje no verbal. Tómatelo como indicios que es preciso validar o descartar con posterioridad.
4. Tu cuerpo comunicará los nervios o la ansiedad que estés sintiendo. La mejor manera de intervenir en esa corporalidad es trabajar tu relación con lo que te provoca este estado.
5. Cuando las palabras de alguien dicen una cosa, pero su cuerpo la contraria, quédate siempre con lo que dice el cuerpo.
6. Una pérdida repentina de la fluidez de la gestualidad y corporalidad de una persona suele significar que algo la ha removido a nivel interno.
7. Un bloqueo repentino del movimiento de alguien, con sensación de cortocircuito incluida, puede ser fruto de que la persona está viviendo un momento de «tierra, trágame».

8. Tragamos saliva aparatosamente y con dificultad cuando algo no va bien.

9. Solemos expresar confusión encogiendo un hombro o los dos, así como rascándonos la cabeza.

10. Intenta mantener la calma en momentos de espera prolongados y controla que la posible negatividad no se manifieste en tu cuerpo cuando por fin llegue tu interlocutor.

11. A menudo nuestro cuerpo comunica de manera más evidente que acabamos de pasar por un momento de tensión que el hecho de que estamos pasando por ella.

3

Tu lenguaje no verbal cuando estás sentado

¿Cómo deberías sentarte?

Pasas gran parte de tu vida sentado: 5,7 horas de media diaria, según publica el Instituto Nacional de Estadística Español. Es probable que en momentos importantísimos de tu vida estuvieras sentado: una entrevista de trabajo, una primera cita en un restaurante, un examen, un viaje en coche... Piensa, además, en las personas que habrán formado su primera imagen de ti estando sentado, y en qué impresión se habrán llevado.

Tu postura al sentarte es el resultado de la suma de quién eres, cómo te sientes, qué está pasando a tu alrededor y cómo lo refleja tu cuerpo. Las manos, las piernas, los pies, el espacio que ocupas... Pero también de tu educación, tus modales y tu manera de relacionarte con el mundo.

Por supuesto, no existe una respuesta única para esta pregunta. Sin embargo, podemos afirmar que debes sentarte de manera congruente con lo que está sucediendo.

Por normal general, es positivo sentarse adoptando una postura expansiva y relajada en su justa medida, que te permita ocupar gran parte de tu asiento con naturalidad. La espalda hará contacto casi total con el respaldo del asiento, y las extremidades no estarán agitadas. Con ello transmitirás sensación de tranquilidad y control de la situación.

A lo largo de este capítulo trataremos los elementos que influyen en el lenguaje no verbal a la hora de sentarse y qué se comunica con ello. Como siempre, en la medida de lo posible no olvides los condicionantes que también pueden darse en este escenario.

Además de factores como la confortabilidad o no de un asiento, o cómo su diseño o estructura hacen que nos sentemos de una manera o de otra, están también las cuestiones personales. Tal vez para alguien la postura más cómoda sea una que no envía el mejor de los mensajes, pero esa es su manera de sentarse. O adopta una postura que refleja siempre su personalidad. También están las limitaciones ambientales: si alguien está pasando frío, adoptará una corporalidad más cerrada para protegerse de él, o alguien que lleva mucho rato sentado no sabrá ni cómo ponerse.

LAS MANOS

Ya de por sí las manos se llevan una parte considerable de la atención de quien nos mira. Este protagonismo se acentúa aún más cuando estamos sentados, ya sea porque estamos en una mesa y solo mostramos la parte superior del cuerpo, o porque el hecho de estar sentados limita los movimientos de la mitad inferior. Esto significa también que, si no gesticulas, te llevará casi a una inmovilidad total, algo que no suele ser bueno a la hora de comunicar.

Al aumentar la visibilidad de las manos asimismo se incrementa la cantidad de información que damos a través de ellas. También en cuanto a su apariencia: suben varios escalones de visibilidad, por ejemplo, las uñas, el estado de la piel, los anillos, los complementos y las joyas. Procura que nada de ello contradiga los mensajes que quieres mandar. Por ejemplo, nadie creerá que eres modelo de manos si te las ve descuidadas o mal arregladas.

El impacto de los gestos que hagas con las manos también será mayor, para bien y para mal. Te servirán para ilustrar y reforzar mejor tus mensajes, pero también serán más evidentes y notorias las señales negativas que puedas enviar (nervios por agitarlas demasiado, tensión por presentarlas agarrotadas, etc.).

Procura mostrar siempre las manos; esconderlas puede enviar mensajes, ciertos o no, de ocultación de información, de desconfianza, de incomodidad, de poca voluntad de acción. Evita esconder las manos debajo de la mesa o, peor aún, sentarte encima de ellas, a menos que seas consciente de lo que estás comunicando. Evita hacerlo sobre todo justo después de haber escuchado algo que genere en ti una reacción negativa y que no quieras que se sepa.

Si no sabes qué hacer con ellas, limítate a apoyarlas encima de la mesa o en tu regazo si no hay mesa. Evita hacer gestos de repetición constante, como tamborilear o darle vueltas a un bolígrafo.

LOS PIES

Como hemos comentado en el primer capítulo, tendemos a pensar que la gente no se fija en nuestros pies, y de manera inconsciente apenas reparamos en qué comunicamos con ellos. Por eso no nos molestamos en disimularlos: interés o desinterés, atracción o rechazo, comodidad o incomodidad se comunican mediante los pies casi todo el tiempo de forma no consciente. Y si, además, estamos sentados a una mesa, la sensación de invisibilidad e impunidad puede ser total, con lo que se convertirá en una mina de información para el ojo entrenado si en algún momento puede observar los pies de su interlocutor.

Por ejemplo, un gesto que denota incomodidad o rechazo de una manera muy clara es echar al máximo hacia atrás los pies debajo de la silla. Incluso esconderlos detrás de las patas delanteras. Sería el equivalente a agarrarse agitadamente a un atril cuando estás dando un discurso delante de numerosas personas y estás alterado por ello. En el lado opuesto, mantener los pies relajados, en contacto total con el suelo, sin movimiento alguno, refleja calma total. Asociamos esa relajación a estar en sintonía con el momento presente. Por eso es muy probable que prefieras hablar con alguien que mantenga los dos pies en esa postura.

Además, los pies tienden a orientarse hacia el foco de interés, por ejemplo, alguien con quien estás hablando. Pero también otra persona, o incluso la puerta que desearías cruzar para salir de donde estás.

Puedes encontrarte en situaciones de las que desearías escapar, ya sea porque te generan algún tipo de rechazo o porque tu interés está en otro lugar. Entonces suele aparecer una agitación corporal que evidencia esa necesidad de iniciar el movimiento de cambio. En los pies, esta agitación se manifiesta a través del típico movimiento de la pierna nervioso e incesante arriba y abajo, únicamente con los dedos del pie y la parte delantera de la planta en contacto con el suelo. Puede que de modo consciente intentes disimular esta agitación manteniendo una aparente calma en todo el cuerpo, pero el movimiento del pie, del que tal vez no eres consciente o que quizá crees que está pasando inadvertido, puede estar delatándote.

Esto puede pasarte cuando estás tomando un café de manera en apariencia tranquila con alguien a media mañana, pero no puedes dejar de pensar en el trabajo que te espera al volver a la oficina y en realidad quieres regresar para terminarlo. O cuando se está eternizando una clase o reunión de la que no esperas recibir más información útil o necesaria para ti.

Sin embargo, existen personas que hacen esto siempre y de manera recurrente. Puede deberse a su personalidad nerviosa y activa, o al momento vital que estén viviendo. En ese caso, no deberías asociar ese gesto a nada que puedas estar causando tú. Tampoco a que estén experimentando incomodidad o deseo puntual de escapar.

En su variante más acentuada y grave, este movimiento lo causa el síndrome de la pierna inquieta, un trastorno neurológico que impulsa a quien lo sufre a mover las piernas de manera irrefrenable y continua, sobre todo en situaciones de reposo y descanso, en las que se genera una sensación desagradable en las piernas que solo se apacigua con el movimiento.

Y un gesto similar es el de dar patadas al aire con la pierna que queda encima al cruzarlas. Solemos hacerlo en circunstancias parecidas a las de agitar la pierna con nerviosismo.

En definitiva, recuerda siempre que los pies hablan lo que el cuerpo calla.

LOS CRUCES DE PIERNAS

Mucha gente tiene la creencia de que cruzarse de piernas refleja un bloqueo o un rechazo por lo que se está viendo o escuchando. Esto no tiene por qué ser así. Por ejemplo, estar sentado al lado de alguien y cruzar las piernas orientándose a esa persona es un gesto de apertura, de acercamiento. Debes tomar como referencia adónde apunta o se orienta el pie que queda sobre el otro.

Además, sentarse con las piernas cruzadas es la postura habitual de mucha gente, sobre todo cuando no hay una mesa delante. Los cruces pueden ir sucediéndose para reacomodarse en el asiento. Pero los cruces sí deben tenerse en cuenta cuando son una reacción

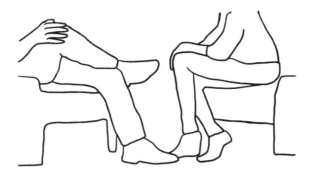

inmediata a algo que acaba de pasar. Entonces sí llevan un mensaje implícito de desacuerdo, que a menudo va acompañado de una
expresión que lo refuerza, sobre todo cuando el cruce es en la dirección contraria al foco del desacuerdo, como acostumbra a pasar
casi siempre.

En cuanto a cruzar las piernas, la manera en que lo hagas tiene
un impacto considerable en tu lenguaje corporal y en la imagen que
alguien puede hacerse de ti.

Cruce de piernas estándar

Es como cruza las piernas la mayoría de la gente. Fíjate en la dirección hacia la que apunta la pierna que queda encima. Dos personas emiten un mensaje de sintonía mutua cuando los cruces están

orientados entre ellos, y un mensaje de no sintonía cuando las orientaciones son contrarias. Utiliza este lenguaje a tu conveniencia según lo requiera la situación, puesto que todos percibimos en mayor o menor medida estos mensajes.

Cruce competitivo

Fíjate en la diferencia entre un cruce de piernas más o menos unidas y otro en el que apoyamos la parte externa del tobillo de una pierna en el muslo de la contraria.

La postura del segundo caso suele transmitir cierta competitividad y activación por parte de quien la hace, sobre todo por el mucho espacio que ocupa.

Tobillos cruzados

Esta postura transmite relajación y comodidad, en especial si se hace con las piernas estiradas. Ten en cuenta que también denota poca voluntad de acción por parte de quien la adopta.

Sin embargo, si existe tensión corporal o las piernas están prácticamente debajo del propio asiento, se entiende como una postura defensiva.

Territorio

Como ya hemos comentado, la gestión del territorio ha sido desde siempre muy importante. Es una manera de comunicar estados de ánimo, personalidad y relaciones entre personas: cuanto mejor te sientes, tanto contigo mismo como con el entorno y las personas que forman parte de él, más espacio ocupas, y viceversa. Veamos qué impacto tiene cuando estamos sentados.

EL ESPACIO QUE OCUPAS EN TU ASIENTO

En situaciones en las que te encuentras cómodo, a gusto y confiado, es probable que ocupes más espacio que cuando no lo estás, que te muestres relajado y sin posturas de tensión o rigidez. Y eso lo percibe de manera inconsciente quien te mira. No obstante, una ocupación excesiva o demasiado relajada puede interpretarse como soberbia, prepotente, competitiva o de actitud desafiante, sobre todo cuando estás en territorio ajeno (el despacho de un superior, la casa de alguien a quien acabas de conocer, etc.).

Por el contrario, cerrarse en uno mismo, y en consecuencia ocupar menos espacio, es un mecanismo inconsciente que adoptamos en situaciones en las que creemos que no tenemos el control. Es común acompañar este cierre con rigidez de hombros, espalda encorvada y tensión corporal, en general. Una persona en una situación así también puede sentarse casi al borde de la silla. Esto puede pasar cuando sentimos incomodidad, nervios o inseguridad, por ejemplo. Es una actitud que, de manera inconsciente, puede impactar en la imagen que de nosotros se hagan nuestros interlocutores. Es probable que no quieras ir a una entrevista de trabajo y que cuando vayan a buscarte te encuentren así.

Por último, el uso del espacio puede ir variando a lo largo del tiempo que estés sentado. Cambiar de postura o reacomodarse puede modificar de forma significativa el uso que haces del espacio, y no siempre debe interpretarse como un reflejo de lo que estamos viviendo por dentro. Pero sí tienes que fijarte sobre todo en si este cambio del territorio ocupado se produce como reacción a algo que acaba de ocurrir.

DIFERENCIAS ENTRE HOMBRES Y MUJERES

De modo generalizado, los hombres tienden a ser más expansivos y a ocupar más espacio a la hora de sentarse que las mujeres. Esto puede deberse a múltiples causas: históricas, ambientales, educacionales, de imitación y un infinito etcétera, pero en la actualidad es una realidad bastante generalizada.

Hemos normalizado también que los hombres se sienten con las piernas más abiertas que la mayoría de las mujeres. No deja

de ser una postura expansiva que comunica todo lo que hemos explicado. Algunos hombres lo hacen por costumbre, otros por imitación y otros porque se sienten cómodos como razones más generales. Sea como sea, sí que representa un acto de descortesía cuando alguien lo hace y deja sin espacio a la persona o las personas que estén al lado.

EL ESPACIO QUE OCUPAS EN LA MESA

En un ambiente en que te encuentres cómodo y seguro no tendrás problema en ocupar cuanto espacio necesites en una mesa, que refleja varios aspectos relacionados con tu personalidad, intención, relación con las personas que te rodean o momento vital.

Por eso mismo, es probable que lo pienses dos veces antes de ocupar espacio en exceso en un sitio en el que te sientas desplazado, incómodo o poco valorado, o en un lugar que esté regentado por alguien con quien no tienes mucha relación o que tengas que compartir con esa persona. Tal vez no te atrevas ni a poner las manos encima de la mesa.

Ahora imagina que recibes a un comercial en tu oficina. Le haces pasar a la sala de juntas y lo invitas a sentarse. Enseguida, y sin decir nada, pone sobre la mesa una libreta y dos bolis. Un móvil. Un ordenador portátil abierto. Su abrigo doblado al lado. Tres catálogos tamaño DIN-A4, uno al lado del otro y mirando hacia ti. Es probable que tú, con apenas una hoja y un boli sobre la mesa, te sientas invadido, y eso no ayudará en absoluto al comercial a venderte nada.

Si alguna vez necesitas desplegar todo este arsenal en casa ajena, no está de más anunciar que vas a hacerlo o pedir permiso para ello. De la misma manera, es muy positivo que invites a alguien a ocupar cuanto espacio necesite en una mesa que controles tú.

Todo lo que implique un uso excesivo del espacio en un territorio que no es tuyo o, peor aún, invadir el del otro, puede ser mal recibido. Con independencia de que lo hagas porque tú trabajas así, porque no te das ni cuenta o porque te has tomado un exceso de confianza.

En definitiva, las personas apreciarán que muestres respeto por el reparto del espacio.

LA SILLA DEL PODER

En una sala donde hay una única gran mesa rectangular con varios asientos a los lados y en ambos extremos, de manera inconsciente tendemos a pensar que la silla que ocupará la persona con mayor poder es la que está en el extremo más lejano de la puerta, mirando hacia ella. En organizaciones con las jerarquías muy marcadas, esa silla acostumbra a ser más grande o de mayor calidad. Cuando vayas a un sitio de visita, no te sientes ahí a menos que te lo pidan.

DE ESPALDAS A LA PUERTA

Es probable que no te guste sentarte en un sitio donde das la espalda a la puerta de entrada. O en un sitio pegado y orientado a una pared, que no te permita ver prácticamente nada de lo que pasa a tu alrededor. Esto puede pasarte sobre todo si se trata de un sitio nuevo o que no te inspire demasiada confianza. El origen de esto es que de manera inconsciente estamos más relajados si tenemos un ángulo de visión que nos permita controlar lo que nos rodea y anticiparnos a cualquier problema que pudiera surgir. Es puro instinto de supervivencia.

Distancia

La gestión que hacemos de la distancia se aplica también a situaciones en las que estamos sentados. De forma general, nos alejamos instintivamente de lo que genera un impacto negativo en nosotros y nos acercamos a lo que nos interesa o nos llama la atención en clave positiva.

Por supuesto, a lo largo del tiempo que estamos sentados nos movemos para reacomodarnos o cambiar de postura. Y ahí la distancia puede alterarse sin que represente nada significativo en lo que se refiere al lenguaje no verbal.

Sabiendo esto, fíjate en si se altera la distancia que os separa con alguien la próxima vez que comuniques un mensaje. Si justo tras escucharlo se echa para atrás en la silla, puede estar diciendo de modo inconsciente que algo no le encaja. Y si lo hace agarrándose a la mesa, suele ser indicativo de que además ha conectado con una emoción que le ha generado un impacto negativo. Esta información es para ti más valiosa, y debes tenerla más en cuenta, que cualquier cosa que pueda expresar después verbalmente. Por ejemplo, deberías como mínimo cuestionarte la veracidad de las palabras de alguien que te dice que le parece bien lo que le acabas de mostrar si justo en el momento de verlo o recibirlo hace este gesto hacia atrás. Ten en cuenta, eso sí, que no se trate de un alejamiento producido ya al final de vuestro encuentro y que indique precisamente eso, que por parte de esa persona os habéis puesto de acuerdo y vuestro encuentro puede finalizarse y por ello adopta una postura de relajación.

Por el contrario, cuando alguien se interesa por algo que está pasando, o que está escuchando, o quiere implicarse en ello, acorta la distancia. Esto es muy normal verlo en alguien que juega a un videojuego: cuando el juego se complica, es muy común que se incorpore hacia delante y se aleje por completo del respaldo del asiento.

Utiliza esta gestión de la distancia en doble sentido: tanto para ver qué genera en tu interlocutor lo que dices como para remarcar a nivel no verbal lo que quieres comunicar. Por ejemplo, tu interlocutor agradecerá de forma inconsciente que te incorpores en la silla y te acerques cuando esté contándote algo con mucho interés. Este gesto también deberías hacerlo para comunicar algo de suma importancia, pues ayuda a darle más valor.

Barreras físicas

Hemos hablado de barreras en el primer capítulo, pero las barreras en relación con las mesas merecen una mención especial: en pocos espacios suele haber más objetos que puedan hacer de barrera que alrededor de ellas. Seguro que alguna vez has experimentado incomodidad por tener que hablar con alguien que te atiende desde una mesa parapetado detrás de un cristal de separación y con montañas de papeles y carpetas entre ambos. Además, en las mesas donde se recibe a personas, cada vez es más común colocar una madera entre las dos patas frontales, de forma que el visitante no pueda introducir las piernas debajo. Así se preserva el espacio personal y de trabajo de quien atiende, pero a la vez la comunicación es más lejana, difícil e incómoda.

Cualquier barrera física hace que la comunicación sea menos directa y que la conexión entre las personas implicadas sea peor. Haz un movimiento tan simple como apartar cualquier objeto que se interponga entre tú y tu interlocutor, y él seguramente te lo agradecerá.

Posturas de escape

Se dice que, cuando quieres irte de un sitio, ya te has ido. Intenta recordar alguna clase aburridísima a la que hayas asistido. Llega la hora de acabar la clase y el profesor no calla ni parece que vaya a hacerlo. O se acaba en el cine una película que te ha parecido un tostón, pero tu acompañante insiste en que os quedéis a ver los créditos finales. Es probable que tu cuerpo esté haciendo un festival de gestos que evidencien que quieres irte de donde estás.

Cuando has tomado la decisión de levantarte e irte, el cerebro activa los mecanismos para emprender la marcha, con independencia de si puedes, o debes, irte. Los músculos, sobre todo los de las piernas, se activan y preparan para levantarte e irte. Puedes llegar a sentir esa activación en forma de hormigueo, micropicor, cosquilleo o movimientos involuntarios de ciertas partes del cuerpo. Y eso tiene un claro impacto en el lenguaje corporal. Unas veces es más evidente y otras menos. A veces, quien está con nosotros lo ve, otras veces no y otras no quiere verlo.

Veamos cómo puede manifestarse todo ello en nuestro cuerpo.

Preparados, listos, ya. Fíjate en si alguien adopta una postura como si fuera a levantarse pero se queda congelado justo antes de hacerlo:

inclinado hacia delante, con una mano apoyada en un reposabrazos con el codo hacia fuera y haciendo el ademán de levantarse. Si ves que alguien adopta esta postura mientras le estás hablando, es muy probable que esté muriéndose de ganas de irse pero no se atreva a decírtelo con palabras.

El masaje calmante a las piernas y rodillas. La activación muscular que provoca el cerebro cuando queremos levantarnos e irnos de un sitio pero no podemos nos genera una sensación desagradable en las piernas: aumenta la circulación y el flujo sanguíneo en ellas, lo que despierta una especie de hormigueo que calmaremos rascándonos o frotándonos los muslos, las rodillas, las tibias, etc., a modo de masaje.

Cambio de orientación. Como ya hemos comentado, tendemos a orientarnos de forma inconsciente hacia lo que nos genera interés. Alguien que empieza a orientarse todo el tiempo hacia la puerta o hacia donde no estás tú te está diciendo que no tiene demasiadas ganas de seguir escuchándote.

Lenguaje corporal agitado. La necesidad forzosa de tener que permanecer en un sitio donde no quieres estar puede generar una gran incomodidad que puede reflejarse en una agitación generalizada del cuerpo: gestos de repetición constante (dar golpecitos con un bolígrafo, darle vueltas, apretarle el botón compulsivamente, tamborilear con los dedos, morderse las uñas...). Cambios de postura constantes. Estiramientos corporales. Movimiento incesante de las piernas. Llegados a este punto, si ves a tu interlocutor así, deberías preguntarte si todos estos mensajes tienen que ver con unas ganas imperiosas de que vayas cerrando tu intervención para que pueda marcharse.

Lenguaje corporal bajo mínimos. Una comunicación sana incluye la retroactividad entre interlocutores. Que se envíen y se devuelvan palabras, gestos, expresiones... Sin embargo, puede pasar que en algún momento notes que la persona con la que hablas empieza a limitar esas interacciones. Que limita el contacto visual. O que te contesta con meros monosílabos acompañados de leves sonrisas forzadas. O que apenas genera ningún tipo de movimiento corporal. Tal vez haya llegado la hora de dejar marchar a esa persona.

Qué comunica tu mesa

«Tener la mesa desorganizada significa tener la mente desorganizada», según un dicho inglés. Albert Einstein solía responder a esta afirmación preguntándose si una mesa vacía significaba también tener una mente vacía.

Y es que todas las imágenes que tenemos de los escritorios o lugares de trabajo de los grandes genios recientes de la humanidad tienen algo en común: un desorden manifiesto y sensación de caos. Pilas de papeles amontonadas sin orden aparente. Montañas de libros. Decenas de utensilios de escritura repartidos por toda la mesa. Un diminuto espacio restante donde sentarse y trabajar.

Albert Einstein, Marie Curie, Mark Twain, Charles Darwin... Todos ellos se aseguraban de que sus escritorios estuvieran así para recibir visitas o si iban a fotografiarlos, justo al contrario de lo que hacemos ahora. Se creía que la gente inteligente y atareada no debía invertir su tiempo en ordenar algo que se desordenaría durante la siguiente jornada de trabajo, y además de este modo se transmitía la sensación de trabajar sin descanso.

Hasta mediados del siglo pasado no se empieza a imponer la creencia y la tendencia de que los escritorios más limpios y ordenados generan mejores espacios de trabajo. Sin embargo, diversos estudios han demostrado que el orden de una mesa no influye de forma significativa en la productividad de quien la ocupa, pero sí que los propietarios de mesas desordenadas acostumbran a tener ideas más creativas. Algunas personalidades más actuales y de gran éxito, como Steve Jobs o Mark Zuckerberg, parecen seguir la tendencia de los Einstein, Curie, etc., en cuanto a la imagen que transmiten sus escritorios.

La interpretación que haga una persona de una mesa puede ser muy subjetiva. Si, por ejemplo, tú estás cómodo trabajando con decenas de papeles y objetos esparcidos por la mesa, a alguien que haga lo mismo le parecerá genial. Pero para otra persona acostumbrada a trabajar en mesas ordenadas y despejadas solo imaginar trabajar en una mesa así sería un suplicio.

Debes encontrar un equilibrio entre lo que a ti te proporciona un espacio ideal de trabajo y la manera de los demás, o las recomendaciones o imposiciones de tu lugar de trabajo.

> Recoge y prepara con antelación la mesa antes de recibir una visita en ella. No te pongas a hacerlo mientras la otra persona está esperando para sentarse. Puede tomárselo como que su visita genera en ti vergüenza por cómo tienes la mesa o incomodidad por tener que alterar por él tu espacio de trabajo.

Recuerda

1. Pasamos gran parte de la vida sentados. Toma conciencia de qué transmites cuando te sientas y si es congruente con el mensaje que quieres dar.

2. No escondas las manos cuando estés sentado a una mesa, solo logras comunicar que ocultas algo o que algo no te acaba de encajar.

3. Los pies debajo de una mesa pueden transmitir afinidades, estados de ánimo y estados internos. No te olvides de ellos a la hora de tomar conciencia de tu cuerpo. A la vez son unos grandes chivatos de qué piensan las personas con las que nos sentamos.

4. Cruzarse de piernas estando sentado no tiene por qué ser siempre una señal de rechazo. Si el cruce incluye un cambio de orientación en dirección a alguien, es positivo.

5. El espacio que ocupas en una mesa suele ser un reflejo de tu personalidad o de la relación que tienes con el espacio en que te encuentras, o la relación que tienes con las personas que forman parte de él. Cuanto mejor te sientas, menos reparo tendrás en utilizar tanto espacio como necesites.

6. Si alguien se aleja de ti echándose para atrás en su silla justo después de que hayas hecho o dicho algo, lo normal será que se trate de una reacción negativa por parte de esa persona.

7. Todos los elementos físicos que en una mesa se interponen entre tú y tu interlocutor son barreras que hacen que la comunicación sea menos fluida y menos directa. Aparta algunos de ellos para hacer que la persona a la que invitas se sienta mejor.

8. Cuando alguien quiere irse de un sitio, ya se ha ido. O así lo comunica su cuerpo a través de posturas de escape, micropicores o gestos.

9. Tu mesa comunica: el orden, la disposición de los elementos, la distribución del espacio. Procura que esta comunicación sea congruente con lo que pretendes transmitir.

4

Tu lenguaje no verbal andando o estando de pie

Los delincuentes callejeros acostumbran a escoger a sus víctimas por su manera de andar. Por ello es bastante común que algunas personas hayan sido atracadas varias veces y otras ninguna, más allá de factores de probabilidad y estadística. La víctima ideal es la que va cabizbaja, mirando al suelo. La que establece poco contacto visual con su entorno, lo cual le hace difícil anticipar un ataque. Adopta posturas cerradas y se recoge en sí misma, algo propio de personalidades poco potentes y con menos probabilidades de devolver el ataque. Da pasos cortos y a poca velocidad al andar, lo cual hace difícil que pueda atrapar al ladrón si corre tras él. Si encima lleva una ropa o calzado que le dificulte la carrera, ya tiene todas las papeletas para convertirse en la próxima víctima.

La gente asocia a tu manera de andar aspectos relacionados con tus habilidades, tu personalidad o tu capacidad de trabajo, entre otros, y eso también afecta a la impresión que alguien puede obtener de ti en un primer vistazo. Piensa, por ejemplo, en qué te pasa por la cabeza si entras muy hambriento en un bar o restaurante, con apenas unos minutos para comer, y se acerca a tu mesa un camarero que anda muy despacio. Lo más probable es que empieces a ponerte nervioso y pienses que no es el camarero más veloz del mundo.

O deduce quién empieza mejor una entrevista de trabajo entre estas dos personas cuando se encaminan hacia la sala donde les ha llamado el entrevistador:

- La que va con la cabeza alta, estableciendo contacto visual, con la espalda recta pero no rígida, con un andar firme y decidido.
- La que anda mirando al suelo, encorvada y arrastrando los pies (como cuando en un espectáculo piden un voluntario que suba al escenario y este se presenta a regañadientes porque en el fondo no quiere salir).

Por tus andares te conocerán

La manera de andar, junto a la cara y la ropa, es uno de los aspectos de nuestro lenguaje corporal que más comunica de nosotros de manera no consciente. La gente hará interpretaciones y nos prejuzgará por nuestro caminar. Lo queramos o no, sea cierto o no. Por eso es importante ser conscientes, en la medida de lo posible, de qué mensajes transmitimos con nuestra forma de caminar.

Andar con confianza y seguridad

A estas alturas ya sabrás que logras transmitir confianza y seguridad en ti mismo a través de posturas y gestos abiertos y expansivos. Esta gestualidad evidencia que no sientes que debas protegerte ante nada y tienes confianza para ocupar tanto espacio como necesites. Son gestos que solemos hacer cuando nos encontramos conectados con un estado interno positivo.

Se reflejan en nuestro cuerpo a través de la cabeza erguida, el mentón ligeramente elevado, la mirada al frente y estableciendo contacto visual de manera natural. Pecho ligeramente hacia delante y hombros hacia atrás. Espalda recta. Los brazos se balancean rítmicamente al compás de los pasos y no están pegados al cuerpo ni colgando. Zancada firme.

Entrar a un sitio donde todo el mundo te está esperando y te mira cuando entras puede ser una experiencia muy estresante. Para ganar confianza y decisión, así como para transmitirlas, Joe Navarro recomienda que cuando hagas esa entrada sientas que tienes una misión: estrechar la mano de la persona que te va a presentar. O dirigirte hasta tu atril y llegar a él o a donde sea que tengas que colocarte. También te ayudará establecer contactos visuales de tres o cuatro segundos de manera aleatoria entre las personas. Intenta no dar la espalda a la gente si decides cerrar la puerta que acabas de cruzar. Puedes cerrarla de todos modos sin romper el contacto visual con los demás, algo que mejorará tu conexión con ellos y la percepción que tendrán de ti.

ANDAR CON INSEGURIDAD, TIMIDEZ E INTROVERSIÓN

Lo transmitimos con gestos cerrados y de defensa, que se activan de forma inconsciente para protegernos de nuestro entorno cuando no estamos cómodos en él. Se trata de gestos que buscan que pasemos inadvertidos, que salgamos del foco de protagonismo, que ocupemos el menor espacio posible. Gestos que acaban transmitiendo esta inseguridad palpable.

Lo reflejamos en el cuerpo a través de la espalda encorvada, tratando casi de meter la cabeza entre los hombros. Cerrando el abrigo con ambas manos o agarrándonos por ejemplo a un bolso o un maletín. O con las manos en los bolsillos. Brazos pegados al cuerpo y sin apenas movimiento. Manos cerradas en puños. Con tendencia a dar pasos cortos y a arrastrar los pies. Cabizbajos y con mirada tímida. Cerrándonos la chaqueta y manteniéndola así en caso de llevarla. Andando a menudo más cerca de las paredes que del centro de la calle, el pasillo, etc.

¿Qué transmite en tu interlocutor?

El contacto visual con el entorno

Sal a la calle y fíjate en cuántas personas andan mirando al suelo. Verás que son la mayoría. Y las razones para hacerlo pueden ser múltiples: costumbre, cansancio, timidez, ganas de evadirse del mundo... Sea como sea, andar así hace que estés poco o nada conectado con lo que pasa a tu alrededor.

Si, por el contrario, vas mirando de manera natural a las personas y el entorno, parecerá que estás más pendiente de lo que te rodea, más conectado y consciente con el aquí y el ahora. Al mismo tiempo, te mostrarás también más accesible, algo que hace que sea más fácil que, por ejemplo, te paren por la calle para hacerte una encuesta, sobre todo si acostumbras a ir por el mundo con una expresión afable.

ANDAR MIRANDO EL MÓVIL

A lo largo de los tiempos, los seres humanos hemos desarrollado un sistema infalible para mejorar nuestra supervivencia cuando nos desplazamos de un lugar a otro. A través de la observación del lenguaje no verbal de las personas con las que nos cruzamos somos capaces de anticiparnos a los movimientos de quienes nos rodean, hacer maniobras de evitación, organizarnos y repartirnos el espacio. El único requisito para poder aplicar este sistema es mirar al frente. Algo incompatible por completo con ir por la calle mirando el móvil.

Cuando andas mirando la pantalla, pierdes visión periférica, andas más lento y dejas de organizarte de manera cooperativa con el resto de las personas. Todo esto comporta encontronazos, percances y sustos. O, lo que es peor, accidentes. También repercute de forma negativa en quienes andan una, dos o más posiciones detrás de ti, puesto que tu mala gestión del reparto del espacio con quienes te cruzas acaba repercutiendo de forma escalonada en las personas que van por detrás.

Por ello, si antes hemos dicho que andar por la calle mirando al suelo te desconecta de tu entorno, andar mirando el móvil directamente hace que todo el entorno casi desaparezca.

Velocidad

Las personas andamos de media a una velocidad de entre tres y seis kilómetros por hora. Esta velocidad la suelen marcar nuestra edad y condición física, sobre todo. Además, existe lo que podemos llamar «velocidad óptima al caminar». Se trata de la velocidad a la que minimizamos la cantidad de energía empleada. Es decir, la velocidad a la que nos cansamos menos al andar. En ello influyen sobre todo la masa y la estructura corporal, y la longitud de las piernas. Por eso, y haciendo una generalización, los hombres andan más rápido que las mujeres.

Varios estudios han demostrado que andar de manera regular y a paso ligero aumenta nuestra esperanza de vida. El profesor Emmanuel Stamatakis, de la Universidad de Sídney, hizo un estudio entre 1994 y 2008 con 50.225 caminantes. Determinó que las personas que andaban diariamente alrededor de diez mil pasos a una velocidad que les requiera utilizar entre el 70 y el 80 por ciento de su capacidad cardiaca máxima reducían las probabilidades de fallecer por cualquier causa en un 24 por ciento. Algunos estudios posteriores probaron que ocho mil pasos al día son suficientes.

Qué puede alterar nuestra velocidad

No existe entre las emociones y la velocidad al andar una relación directa que podamos tomar como referencia. Por ejemplo, podemos acelerar el paso porque tenemos muchas ganas de llegar a un sitio al que nos guste ir, pero también podemos acelerarlo para ir al encuentro de alguien con quien estamos muy enfadados y discutir la situación. No en vano, el origen del verbo «agredir» viene del latín «ir hostilmente hacia alguien».

Ralentizar la marcha sin darte cuenta sí que es un fenómeno recurrente cuando, o bien no quieres dejar de hacer lo que estás haciendo (un paseo que estés disfrutando), o bien no quieres ir al sitio al que estás yendo y empiezas a andar más lento para retrasar el momento de llegada.

Pero existen varios factores más que pueden enlentecer tu marcha al andar por la calle. Un estudio de 2006 de la ciudad de Nueva York concluyó que los turistas andan un 11 por ciento más lento que el resto de las personas. Los que van fumando, un 2,3 por ciento. Los usuarios de teléfono móvil, un 1,6 por ciento. En el lado opuesto, quienes van escuchando los auriculares tienden a caminar un 9 por ciento más rápido de media.

Seguro que has experimentado más de una vez, al andar por la calle, el fenómeno conocido como «la ira del peatón». Podemos encontrarnos con personas que andan por la acera a una velocidad considerablemente inferior a la nuestra y adelantarlas no es fácil. Es probable que empecemos a sentir un enfado exagerado y desproporcionado, sobre todo si tenemos prisa. La ira del peatón o ira de la acera es un enfado real y auténtico. En algunas personas se genera un deseo de ejercer violencia física o verbal sobre los que obstaculizan el paso. Por suerte, esta violencia extrema no suele llevarse a la práctica, pero sí que se murmura, se mira fijamente o se generan expresiones de ira contra esos a los que al final se consigue adelantar.

Este fenómeno es parecido al conocido como «ira del conductor», en el que la sensación de invisibilidad y protección que nos da el habitáculo del coche nos lleva a ser groseros con los demás conductores de una forma que jamás manifestaríamos en ninguna otra situación en la que nos molestaran o nos obstaculizaran el paso, por ejemplo en la cola de un supermercado o de un cajero.

Andar con otra persona o en grupos

El estudio más notorio que existe sobre cómo las personas se organizan a la hora de andar en grupo lo llevó a cabo Mario Costa, del departamento de Psicología de la Universidad de Bolonia. En él se determinó que, de manera general, los hombres y las mujeres suelen actuar de forma distinta a la hora de andar en grupo. Los hombres acostumbran a ir siempre adelantados y a dejar a las mujeres más rezagadas. Además, entre ellos suele haber una distancia superior a la que dejan las mujeres entre sí. Es probable que lo hagan por convención social.

El citado estudio de Bolonia también concluyó que en los grupos grandes se suelen generar microgrupos de una, dos o tres personas. Estos pequeños grupos se crean según las afinidades que existen entre los miembros que los integran: género, edad, estatus social o incluso raza.

Se puede intuir el grado de compenetración y relación de las parejas por cómo andan juntas. La distancia y el contacto físico entre ambos suelen ser un buen indicativo de en qué punto se encuentra su relación. A menor distancia y mayor contacto, mejor funciona. La armonización y organización de sus movimientos también suelen ser un delator de su entendimiento. Por lo general, las parejas que se sienten afines suelen prácticamente mimetizar los movimientos al desplazarse de un lado a otro y organizan casi de manera automática qué lado ocupa cada uno, cómo hacer para pasar por un sitio estrecho, cómo anticiparse a los movimientos del otro, etc.

Andar con otra persona o con un grupo de ellas es una oportunidad estupenda para comprobar el nivel de relación o conexión existente entre todas las partes. También nos sirve para conocer el grado de empatía que unas personas pueden mostrar con otras. Hacer un esfuerzo por adaptar tu ritmo y velocidad a los de otra persona, sobre todo si anda más lento que tú, es una demostración evidente y palpable de que empatizas con ella, de que la tienes en cuenta. Por el contrario, suele ser un signo negativo que una de las personas no haga el más mínimo esfuerzo para tener en cuenta si, por ejemplo, su velocidad al andar está siendo difícil de mantener por quien la acompaña.

Y es que la forma en la que modificamos nuestra velocidad al andar con alguien puede incluso desvelar lo que sentimos por ella. Un estudio de la Universidad de Seattle comprobó que los hombres disminuyen la velocidad cuando andan al lado de la mujer de la que están enamorados (el estudio no hizo pruebas en parejas del mismo sexo). En el estudio se midió la velocidad al andar de los hombres cuando iban solos, acompañados por otra mujer y acompañados por su pareja sentimental. En este último caso bajaron hasta un 7 por ciento la velocidad. Esto puede deberse a que no quieren generar en sus parejas el gasto energético que les supondría ir a su ritmo, que suele ser más rápido que el de ellas. No bajaron de manera tan considerable la velocidad cuando iban con otras mujeres con las que no tenían ninguna relación sentimental.

Condicionantes

Existen numerosos factores que pueden impactar o condicionar tu forma de andar, tanto internos como externos:

- Superficie del terreno
- Condiciones atmosféricas o de temperatura
- Calzado, ropa
- Género, altura, peso, edad
- Tipo de personalidad, carácter
- Emoción
- Estrés, urgencia
- Las personas que te acompañan
- Morfología del cuerpo
- Disfunciones corporales o mentales

Debemos tenerlos en cuenta en la medida de lo posible, o como mínimo pensar que tal vez existan aunque no sean patentes a simple vista. El problema es que la mayoría de la gente sacará sus propias conclusiones sobre la manera de andar de alguien guiándose solo por un primer vistazo y no reparará en otros condicionantes posibles.

Por ello debes procurar tener conciencia de si alguno de estos condicionantes te está influyendo sin que te percates. Por ejemplo, si te encuentras con alguien que camina en tu misma dirección en el trayecto de vuelta a casa y no le dices que vas con prisa, por lo que sea, puede interpretar que no tienes demasiadas ganas de pasar tiempo con él por lo rápido que andas a su lado.

Como siempre, fíjate en si alguien tiene una manera de andar que más o menos utiliza siempre, con independencia de los condicionantes internos o externos. Por ejemplo, ver que alguien anda muy rápido en un momento puntual no te servirá para sacar conclusiones sobre si esa es su forma habitual de caminar.

Además, y como ya hemos comentado en el primer capítulo, tu modo de caminar también tiene un impacto en tu cerebro, pensamiento y estado de ánimo. Si decides a propósito andar con posturas expansivas y abiertas, el cerebro puede reprogramarse para sentirse igual de bien que si fuera él mismo quien hiciera que el cuerpo anduviera así debido a un estado positivo.

Recuerda

1. Los delincuentes eligen a sus víctimas por su manera de andar. Esto es un indicativo genial de cómo nuestros andares configuran la percepción que las personas tienen de nosotros.
2. Andar con corporalidad abierta y mirada al frente suele asociarse a seguridad y confianza.
3. Una corporalidad cerrada al andar suele transmitir y generar poca confianza en nosotros por parte de quien nos ve.
4. Andar mirando al suelo constantemente es una forma de desconectarse del aquí y ahora que estás viviendo, igual que andar mirando el móvil.

5. Adaptar la velocidad al andar a la de la persona con quien andas es una señal de empatía, de ver al otro.

6. El modo en que nos agrupamos y organizamos con otras personas al andar envía mucha información sobre nuestra relación con ellas.

7. Diversos factores condicionan la manera de andar de alguien, tanto internos como externos: personalidad, estado de ánimo, edad, género, condiciones del terreno, etc. Tenlos en cuenta antes de sacar conclusiones precipitadas.

5

Saludos

El saludo acostumbra a ser la primera oportunidad que tienen las personas para reflejar su personalidad y sus intenciones frente a los demás. Es también la primera información que los demás recibirán de nosotros. Ten en cuenta que unos pocos segundos son suficientes para las primeras impresiones, y esta puede tener un impacto decisivo en nuestra relación con otros. Puede ser que logres transmitir liderazgo, confianza y carisma, y que le causes una muy buena primera impresión y haga por acercarse de nuevo a ti más adelante. O puedes mostrarte inquieto o nervioso, como un pez fuera del agua, no llamar su atención en absoluto y que la persona se olvide de ti a los diez segundos de conocerte.

Procura saludar siempre con intención y con toda la atención puesta en lo que estás haciendo. Las personas valorarán que le des importancia a saludarlas, que las tengas en consideración. Haz contacto visual con la otra persona y muéstrate alegre por saludarla, a menos, claro, que la situación lo desaconseje.

A menudo las personas asocian la manera de saludar de alguien con otros aspectos relacionados con su personalidad o habilidad social. Es fácil que pensemos, por ejemplo, que alguien que da la mano con firmeza y seguridad está reflejando su personalidad en ese apretón, mientras que a quien saluda nerviosamente y con timidez también lo definen estas características.

Además, el modo en que dos personas se saludan nos da pistas sobre qué tipo de relación tienen o quieren tener. Conocer estos factores puede resultarte de gran ayuda para descubrir también las intenciones o percepciones que de ti tienen las personas a las que saludas. Lo desarrollaremos a lo largo de este capítulo.

De todos modos, tienes todo el derecho del mundo a no querer saludarte con alguien de la forma que esa persona te propone, así como a elegir qué tipo de saludo hacer tú con las personas siempre y cuando a ellas les parezca también bien. Veremos estrategias en el ámbito del lenguaje no verbal para anunciar el saludo que eliges con suficiente antelación, así como estrategias para revertir la situación si no te convence el saludo que te propone la otra persona.

Recuerda también, como siempre, otros condicionantes, como pueden ser la cultura de las personas involucradas en los saludos. El saludo suele ser la primera oportunidad de manifestarnos en lo social y todas las culturas tienen su propia identidad e idiosincrasia a la hora de saludarse. Aquellos procedentes de culturas más frías en cuanto a contacto físico generalmente saludarán de una manera representativa de su cultura, igual que los que procedemos de culturas más cálidas y cercanas haremos lo contrario.

Hablaremos también sobre los principales saludos en el mundo occidental: apretones de manos, abrazos y besos, pero también de saludos sin contacto físico.

Por otro lado, existen condicionantes internos y relativos a la persona. Las que tienen personalidades más abiertas, extrovertidas y sociales suelen mostrar una mayor predisposición a saludar con determinación e intención a otras personas, mientras que personalidades más introvertidas o tímidas a menudo preferirán ahorrárselo o que pase deprisa. Influye también el estado de ánimo, ya que no saludamos igual si nos sentimos felices y contentos que si estamos tristes. Y, por último, la relación existente entre quienes se saludan también impactará en el saludo elegido y el modo de hacerlo. Ten en cuenta todos estos condicionantes y cómo pueden influir en el saludo de alguien antes de sacar conclusiones precipitadas.

Qué saludo elegir

Debes ser muy cuidadoso con el saludo que propones a la otra persona. Cada uno tiene su correspondiente grado de cercanía y confianza, y el saludo es un sistema de comunicación en sí mismo, como desarrollaremos más adelante.

Si lo crees necesario, puedes elegir un saludo diferente al que la otra persona te propone.

Las consecuencias posibles son de distinto signo.

Por un lado, si tiendes la mano a alguien que te ofrece un abrazo, le generarás incomodidad. Estás en tu derecho de hacerlo, por supuesto, pero te arriesgas a que la otra persona saque sus propias conclusiones de lo que ha pasado.

Pero también se puede recorrer el camino de manera inversa: abrazar a alguien que te ofrece la mano es una forma de comunicarle que le profesas una estima que deseas expresar con algo más, como si el apretón de manos te supiera a poco. De nuevo, pueden existir consecuencias, positivas o no, que debes estar dispuesto a asumir.

También suele darse el fenómeno de que dos personas se saluden con la mano cuando se acaban de conocer y se despidan con un abrazo o con dos besos. Es un modo de evidenciar que la relación entre ellas ha empezado bien.

Por todo ello debes ser siempre consciente del ambiente en que te encuentras, de todos los condicionantes que puedan existir, en la medida de lo posible. De qué relación tienes con la otra persona. Puedes optar, en caso de duda, por leer las señales corporales que la otra persona envía a la hora de saludarte, como iremos comentando en las siguientes páginas, para poder anticiparte y saber el saludo que propone, y así ahorrarte tener que elegirlo tú.

Abrazos

Existen muchas maneras de saludarse, pero el abrazo es la forma favorita de todo el mundo cuando queremos saludar a alguien con la mayor cantidad de amor y afecto posible. Piensa en cómo se saluda una pareja que se reencuentra después de mucho tiempo. O intenta recordar los típicos vídeos de familiares que reaccionan a la vuelta de un soldado a casa tras un tiempo fuera. Siempre se elige un abrazo. Y es que cuando nos abrazamos generamos un contacto casi total entre los dos cuerpos, es un momento de gran conexión. Luego vendrán besos, caricias, carantoñas, etc., pero lo primero siempre es un abrazo.

El abrazo transmite estima, confianza y afecto. Es un contacto físico intenso, que representa muchos beneficios tanto a nivel mental como físico, como hemos comentado. Puede calmarnos en situaciones adversas o proporcionarnos un aumento de confianza ante cualquier desafío.

Pero, a su vez, un abrazo puede generar un gran rechazo si una de las personas no lo valida. Por ello debes asegurarte de que elegir un abrazo para saludar a alguien es una buena idea, y de que la relación que tienes con esa persona te permite hacerlo. Porque se trata de una invasión del espacio vital en toda regla, así como de un contacto físico estrecho entre ambos. Puedes llegar a generar mucho rechazo en alguien si le das un abrazo que no desea, que se manifestará sobre todo con bloqueo corporal o rigidez, o gestos apresurados para terminar con él rápido.

No hay una duración estipulada para un abrazo, a menudo la marcan conscientemente los protagonistas a través de su voluntad o no de «soltar»
a la otra persona.

Que se den abrazos o no en entornos profesionales dependerá
mucho de las personas que formen parte de ese entorno. Si bien no
son los saludos más estandarizados en estos casos, pueden ser perfectamente normales en ambientes de gran confianza o en equipos
muy unidos. Incluso en algunas culturas se eligen los abrazos como
forma de saludo más común entre desconocidos.

Te será de gran ayuda reconocer las señales que anuncian que alguien desea abrazarte para elegir si quieres corresponderle o no. Un
abrazo casi siempre se anuncia con una apertura de brazos y las palmas hacia la persona a la que se va a abrazar. Es la señal que te mandará alguien para decirte que va a abrazarte.

Sé muy prudente también antes de abrazar efusivamente a alguien nuevo en un ambiente de trabajo solo porque veas que en ese
lugar todos se saludan así. Que lo hagan entre ellos no significa que
lo hagan también con desconocidos.

Existen maneras de evitar un abrazo si ves que es el saludo que esco-
ge la otra persona, pero tú no lo deseas. Si no quieres verbalizarlo y
utilizar solo tu cuerpo, puedes extender la mano cuando te acercas
a la otra persona antes de lo que harías normalmente, para que en-
tienda que esa es tu opción de saludo. O puedes tomarle también una
de las manos mientras las abre para abrazarte, y darle un apretón de
manos.

QUÉ COMUNICA UN ABRAZO

Veamos qué significan los elementos que intervienen en un abrazo y qué comunican. Esta información te ayudará a ser consciente de qué generas en la otra persona al abrazarla y a leer los mensajes que te manda alguien por el modo en que te abraza.

La distancia entre las pelvis. La pelvis es nuestra zona más íntima. Cuando dos personas que apenas se tienen confianza se saludan, de manera inconsciente hacen por mantenerlas separadas (izquierda). En cambio, quienes ya tienen una conexión (de amor, amistad o de lo que sea) tienden a acercar más las pelvis al abrazarse (derecha). Esto sirve tanto para hombres como para mujeres.

Cerrar los ojos al abrazarse. Como hemos comentado a lo largo de este libro, en ocasiones cerramos los ojos para eliminar estímulos visuales, pero también para concentrarnos mejor en el sentido del tacto y en el contacto con la otra persona. Cuando alguien cierra los ojos en un abrazo es porque es un gesto sentido y está plenamente conectado con el momento. No acostumbramos a hacerlo en abrazos rápidos o cuando saludamos a muchas personas.

Las palmaditas en la espalda. Se trata de un gesto más común entre los hombres, que se hace sobre todo en tono amistoso.. Algunos acostumbran a dárselas con una fuerza considerable a personas con las que tienen mucha confianza, a modo de demostración de afecto. Sin embargo, otro uso de estas palmaditas suele ser para decirte que por parte de quien las hace ya daría el abrazo por concluido, y que tampoco tiene demasiado interés en que esa relación vaya a más.

Frotar la espalda. Es un gesto más propio de mujeres. Se hace como muestra de afecto, para reconfortar a la otra persona. Es un gesto parecido al que se le hace a un bebé cuando uno lo tiene en brazos. Existe un mayor interés en transmitir este afecto si se hace de manera más lenta. Hacerlo rápido puede tener las mismas intenciones que las palmadas en la espalda.

Abrazo por detrás. Se necesita mucha confianza para abrazar a una persona por detrás, por la espalda. Quien se deja abrazar está exponiendo la espalda y el cuello por detrás, dos zonas muy vulnerables, pues no vemos qué pasa tras ellas. Además, se trata de un tipo de abrazo protector, que genera seguridad y tranquilidad en la persona abrazada, si es que valida a quien le da el abrazo.

Abrazo con contacto visual. Es un abrazo de máxima confianza por la cercanía que acaban teniendo las caras. Es cierto que las personas deben separarse a la altura del pecho, pero la gran cantidad de contacto visual y proximidad compensa con creces esa separación.

Suele ser un abrazo entre padres e hijos, parejas o personas con relaciones muy íntimas o cercanas.

Tu cara durante un abrazo. La otra persona no te ve la cara cuando
la abrazas, con lo que la expresión que muestras en un abrazo es un
fiel reflejo de lo que te genera. No hay nada que esconder, manipu-
lar o fingir. Si la próxima vez que abraces a alguien te percatas de
que pones, por ejemplo, una mueca de rechazo, te servirá para darte cuenta de lo que te genera en realidad ese gesto.

El cuello. Un muy buen indicativo para conocer la relación que tienen dos personas cuando se dan un abrazo es ver cuánto exponen y
acercan el cuello. Por lo general, cuando no existe una gran relación
tendemos a guardar una distancia prudencial con esta parte del cuerpo, lo que a la vez hace que las cabezas permanezcan distantes.

Sin embargo, a mayor relación, confianza y cercanía, menos reparo en unir más estas partes del cuerpo.

El muñeco de trapo. Por las circunstancias que sea, existen abrazos en los que una de las dos personas no quiere, o no puede o no sabe corresponder y actúa de manera pasiva, se queda casi inerte, con los brazos hacia abajo. La otra persona percibe esa falta de voluntad de abrazar y siente frustración, incomodidad, como si estuviera abrazando a un muñeco de trapo. Casi mejor no abrazar que hacerlo así.

El abrazo de lado. Se trata de un abrazo principalmente amistoso, de compañerismo. Es un abrazo light y poco comprometido. Suele acercarse la cabeza a la de la otra persona para indicar buena sintonía.

Si alguien a tu lado te abraza y no correspondes al abrazo orientándote hacia la otra persona, se genera la sensación de que es el otro el que está más involucrado en la muestra de afecto. Aun estando sentado puedes orientarte por completo a la otra persona para corresponder a ese abrazo si lo deseas.

La mano en la nuca. Poner la mano en la nuca de la persona a la que estás abrazando suele asociarse a un gesto de protección hacia ella. Transmites preocupación y consideración.

Cómo termina un abrazo. Fíjate en qué hacen dos personas que terminan de abrazarse. Cuando el cariño entre ellas es alto, tenderán a retomar el contacto visual enseguida y harán todo lo posible por mantener el contacto físico del abrazo. Agarrándose las manos, los codos o los brazos, o frotando la espalda del otro. En cambio, cuando es una relación más fría, nadie hace nada por mantener el contacto físico cuando el abrazo termina. Esto último puedes verlo en los muchos vídeos que existen de personas que regalan abrazos gratis por la calle.

El apretón de manos

Se cree que dar la mano para saludar tiene su origen en la antigüedad, cuando las personas se tomaban de la mano y del antebrazo para asegurarse de que la otra persona no llevaba armas con las que pudieran atacarlas. Hoy en día nos damos la mano para saludarnos o para cerrar acuerdos o tratos.

Es la manera más estandarizada y recomendada para saludarse de forma genérica, sobre todo en ambientes laborales o con desconocidos globalmente. Puedes anunciar a la otra persona que esa es tu forma elegida de saludar si te aseguras de «disparar» el brazo el primero y relativamente pronto, para que cuando os estéis acercando la otra persona ya tenga claro cómo quieres saludar. Te evitas, además, tener que rechazar otro tipo de saludos que tal vez en ese momento te resulten incómodos, como besos o abrazos.

¿Cómo debe ser un apretón de manos?

Un apretón de manos sirve para transmitir confianza y seguridad, pero también nervios o poca voluntad de acción si se hace mal o con desgana. Debe ser firme, pero ni demasiado fuerte ni demasiado flojo. La muñeca tiene que estar firme también. Lo ideal es que ambas manos hagan contacto con la membrana que une los dedos pulgar e índice de la otra mano. Además, es importante hacer contacto visual al saludarse dándose la mano. Hay que demostrar interés por la otra persona y centrar toda la atención en ella, nada de saludar mirando a otra persona o hacerlo con desgana. Por lo general, el anfitrión o la persona de más poder es quien inicia o propone el saludo.

Sin embargo, no todos los apretones de manos son así, en ocasiones nos encontramos con variantes con sus características e idiosincrasias propias.

Tipos de apretón de manos

El quebrantahuesos. Se llama así al apretón de manos que se da empleando mucha fuerza, tanta que a menudo hace daño a la otra persona. Es un comportamiento casi único de hombres. La intención es la de transmitir autoridad, confianza, fuerza y superioridad, pero se trata de una manera rudimentaria y poco recomendable de transmitir estas impresiones.

Es cierto que, como muestra de amistad y confianza, se puede apretar la mano más a amigos que a personas con las que se tiene menos confianza, pero sin llegar al punto de hacer el saludo quebrantahuesos.

Mano de pez. El saludo de la mano de pez es el que hacemos cuando damos la mano prácticamente muerta, sin fuerza ni firmeza. Mano blanda y muñeca suelta. Aún es peor si lo único que dejas que la otra persona te apriete son los dedos. No tiene nada que ver con la fuerza, sino con la firmeza de la mano. Este saludo se asocia con poca voluntad de acción, con escasa predisposición para pasar a la acción y con personalidades excesivamente tímidas o cerradas. También puede darse cuando se muestra escaso o ningún interés para saludar a la otra persona.

El apretón reforzado. Se trata de poner la mano que te queda libre encima de las dos que estáis utilizando para saludaros. La intención de este gesto puede ser doble: se trata de un gesto que transmite amistad y afecto por la otra persona, pero a la vez tiene un componente de superioridad y dominio. Fíjate cómo, a menudo, los políticos juegan a poner la mano por encima de la de otros líderes para salir en la foto reforzando su superioridad.

En el capítulo seis trataremos de otros gestos que se emplean mientras estamos dando la mano y saludando para reforzar el liderazgo.

El reubicador. Consiste en, mientras se está dando el apretón, tirar de la mano de la otra persona hacia ti. Al hacerlo, traes a la otra persona a tu terreno y evidencias que tienes el control del territorio. De nuevo es algo que puede hacerse por afecto o amistad y ganas de mayor cercanía, pero con frecuencia nos quedamos con la sensación de que se trata más bien de una demostración de poder.

Vale la pena hablar también de la orientación de la mano. Por norma general, la mano debe estar orientada en vertical, de igual a igual con la otra persona. Dar la mano con la palma hacia abajo es enviar un mensaje de autoridad y fuerza sobre la otra persona. Es poco recomendable hacerlo, porque es fácil generar sensación de soberbia. Además, obligas a la otra persona a dar la mano con la palma hacia arriba. Esto último genera sensación de vulnerabilidad y sumisión. Si alguna vez alguien te ofrece la mano con la palma hacia abajo, dásela haciendo a la vez un giro con la muñeca hacia la izquierda si deseas que el saludo acabe siendo de igual a igual.

Besos

Se cree que los romanos fueron los primeros en instaurar el beso como forma de saludarse, como recoge National Geographic Historia. Tenían tres tipos de saludos con beso: el *osculum*, un beso en la mejilla para saludar a familiares y amigos cercanos; el *basium*, un breve beso en los labios a modo de saludo para tu pareja; y el *suavem*, el beso que se daban los amantes (es curioso cómo diferenciaban genéricamente entre pareja y amante). El cristianismo empezó a adoptar este gesto en sus ceremonias religiosas y poco a poco su uso fue extendiéndose.

Si bien se entiende el uso del beso para saludar como algo que se hace con conocidos o en ambientes distendidos, también puede tener cabida en las presentaciones o saludos en el entorno laboral o profesional si ambas partes lo aceptan y existe la suficiente conexión o confianza entre ellas. En estos entornos los besos suelen ser silenciosos y casi al aire, el mero contacto o casi contacto mejilla con mejilla es suficiente. En cualquier caso, en la medida de lo posible se recomienda ceñirse siempre al apretón de manos como saludo laboral por defecto.

BESOS POR EL MUNDO

No en todas las culturas está estandarizado saludarse con un beso. Según el lugar, cambia el orden o el número de besos, incluso su mera existencia. Lo mejor es siempre ser prudente y observador, y no dar por hecho que se besa de un modo u otro en el sitio donde estás. A veces, dentro de un mismo país puede haber diversas maneras de saludarse y no todo el mundo tiene obligación de elegir la misma. Además, la multiculturalidad puede diluir el hecho de que exista una forma de saludarse por país o región.

De manera generalizada, en España y Latinoamérica es común saludarse dándose dos besos de izquierda a derecha. En Italia, sin embargo, el orden es inverso. En Estados Unidos limitan los besos a entornos más bien familiares y dar solo uno acostumbra a ser suficiente. En los países nórdicos entienden que el beso debe limitarse a los saludos entre familiares. Puede llegar a chocarles ver besos en ambientes de trabajo. Sucede algo parecido en países asiáticos como Japón. En lugares como Rusia o Medio Oriente es más común ver a hombres besándose entre ellos para saludarse que en otras partes del mundo.

El triple beso ruso

Tal vez no conozcas el origen de una de las imágenes más icónicas de la historia moderna, que ya forma parte del imaginario de la cultura pop, una que captaba un beso entre dos hombres. Escribe en cualquier buscador «beso Brézhnev» y la reconocerás enseguida.

Empecemos por el principio. Durante un tiempo existió en Rusia una forma de saludar que consistía en dar tres besos: los dos primeros en la mejilla y el último en los labios. Era un saludo válido entre hombres, entre mujeres y entre ambos. Cuanta más afinidad y relación había entre quienes se besaban, más besos se daban en la boca y más efusivos eran. Leonid Brézhnev fue el dirigente de la Unión Soviética de 1964 a 1982 y a menudo utilizaba los tres besos para saludar a sus interlocutores. Llegó incluso a dar dos sonoros besos al presidente estadounidense Jimmy Carter.

Para algunos mandatarios internacionales evitar ese beso sin parecer descorteses era todo un quebradero de cabeza. Se dice que Fidel Castro, en su visita oficial a Moscú en 1964, decidió no quitarse de la boca su cigarro habano en toda su estancia en el país para así evitar el beso de Brézhnev. Es posible que lo lograra, puesto que no existe ninguna imagen del momento.

El mismo Brézhnev es el protagonista de la imagen en cuestión. Se trata de su beso con Erich Honecker, antiguo mandatario comunista alemán. El artista ruso Dimitri Vrúbel dibujó la escena del beso a modo de grafiti en las ruinas del muro de Berlín tras su caída. En algunos ambientes este beso se conoce como «el beso comunista», y se ha reproducido en diferentes lugares del mundo en distintos formatos.

Saludos con cero contacto

Saludarse sin establecer contacto físico con la otra persona es igual de lícito que hacerlo con contacto. En algunas culturas, como la mediterránea o la latina, puede chocarnos que la otra persona eluda el contacto con nosotros al saludarnos. También puede resultarnos extraño a título individual, por descontado. Y eso es algo que debemos ir eliminando del pensamiento. Al fin y al cabo, el contacto físico implica una serie de hechos que no siempre deseamos o toleramos: invasión de nuestro espacio más íntimo, contacto con ciertas partes del cuerpo que tal vez no deseamos tocar o que nos toquen, tener que oler de cerca a la otra persona, etc.

Existen una serie de señales corporales que puedes enviar a la otra persona para anunciar que no deseas establecer contacto físico. Es importante que nos fijemos en ellas, porque a menudo la gente no se atreve o no quiere verbalizar su voluntad de que no haya contacto por temor a una reacción negativa por nuestra parte, pero su lenguaje corporal sí lo anuncia, con frecuencia de manera no consciente. Las personas agradecerán mucho que las respetes en este sentido, sobre todo si se han ahorrado tener que pedírtelo con palabras. Los gestos más recurrentes son:

- Empezar a detener o detener del todo la marcha a dos metros de ti cuando estáis yendo a encontraros.
- No hacer ningún tipo de gesto que muestre interés en dar la mano, besar o abrazar a la otra persona.
- Levantar la mano a modo de saludo.
- Hacer un breve saludo con la cabeza o tal vez solo con las cejas.

RAZONES DEL CERO CONTACTO

Veamos ahora algunos de los condicionantes que pueden incidir en que una persona no desee contacto físico con la otra a la hora de saludarse.

Cultura. Muchas culturas limitan de manera considerable el contacto entre sus gentes. También en el saludo. En culturas como la japonesa no se contempla el contacto físico a la hora de hacer saludos sociales. Ni apretones ni abrazos, ni mucho menos besos. El saludo más estandarizado en estas latitudes es la reverencia, que va desde un ligero gesto con la cabeza hacia abajo a reverencias más marcadas y pronunciadas en momentos más solemnes o de respeto máximo por la otra persona.

En interacciones con el mundo occidental han normalizado el apretón de manos, pero ir más allá de eso puede suponer un choque cultural en toda regla. Más de un negocio internacional se ha ido al traste por no tener en cuenta su política de contacto físico muy limitado.

Salud o higiene. Establecer contacto físico con alguien es abrir la puerta al intercambio de bacterias, virus o cualquier agente contaminante perjudicial para la salud. Las distancias se acortan y las posibilidades de contagio aumentan. De hecho, se ha comprobado que las enfermedades de transmisión aérea se propagan menos cuanto menores son el contacto entre las personas y la interacción social.

Por todo ello, algunas personas pueden desear no establecer contacto físico con nadie a la hora de saludarse, con el fin de proteger su salud de cualquier invitado vírico o infeccioso no deseado.

Personalidad. La personalidad, así como las experiencias, los valores y las creencias de una persona, impactan en todo lo que esta hace. Afecta a cómo piensa, cómo vive, cómo se relaciona con los demás. Y cómo saluda. Hasta el punto de que puede llegar a descartar el contacto físico en sus saludos. Puede ser también por timidez, por ser una persona excesivamente reservada, etc.

Relación entre ambas personas. Un saludo con contacto es un acercamiento implícito con la otra persona. Una invasión en toda regla de su espacio íntimo, más pronunciada a la hora de darle dos besos o un abrazo. Tendemos a rechazar acercamientos o contactos con quienes no nos sentimos afines, o con los que la relación no pasa por sus mejores momentos, y eso puede incluir los saludos con contacto. A menudo, por convencionalismo social, haremos el saludo sin más, pero contra nuestra voluntad real.

No debemos dar por hecho que siempre vayamos a saludarnos igual con otra persona. A lo mejor en situaciones puntuales una persona puede preferir saludarnos con un mero gesto de la cabeza, con independencia de que el saludo normal con la otra persona sea, por ejemplo, dos besos. De hecho, podemos tomarnos el saludo que hacemos o nos hace otra persona como algo parecido a un termómetro de la relación.

Otros. Pueden existir también condicionantes o experiencias traumáticas que lleven a alguien a negarse al contacto físico con nadie. También, dependiendo de su cultura, es posible que existan personas que ni sepan de la existencia de los besos para saludarse. Se cree que el 10 por ciento de la población mundial pertenece a una culturalidad en la que los besos directamente no existen.

> Uno de los aspectos que debes tener en cuenta en cualquier saludo es la gestión del contacto visual justo cuando termina, ya sea un apretón de manos, un abrazo, un beso o cualquier otra modalidad de saludo. Intenta no romperlo súbitamente al acabar y que exista una transición natural hacia el siguiente punto al que mires. A nadie le gusta ver cómo su interlocutor corta de golpe y bruscamente el contacto visual con él justo cuando terminan de saludarse.

El «dessaludo»

Solemos dar suma importancia al inicio de una interacción social, es decir, al saludo, pero olvidamos algo muy recurrente que todos hacemos a la hora de crear y almacenar recuerdos: estos están condicionados en gran parte por el recuerdo que tenemos de cómo terminan.

Piensa, si no, en alguna serie de televisión de la que tengas un recuerdo amargo precisamente porque no te gustó el final, incluso si estuviste disfrutándola durante años. O cómo terminar haciendo una actividad lúdica y divertida de cinco minutos al final de una clase puede prácticamente hacerte olvidar una hora y media previa de teoría infumable.

Por ello es capital que les des al momento de despedirte de alguien el valor justo. Que pongas la misma conciencia y le des la misma importancia que le das al saludo. No te vayas nunca de un sitio sin despedirte del anfitrión, o anfitriones, y agradecerle la invitación. Y, sin estudios que lo respalden, a menudo existe la creencia de que te despides el último de la persona con quien más afinidad o interés tienes de cuantos se quedan en el lugar del que te marchas.

Es posible, además, que el tipo de despedida elegida sea diferente al saludo que empleaste en la primera interacción con la otra persona. Pasar de un apretón de manos a dos besos, o de dos besos a un abrazo. O al revés, retroceder en la escala de contacto. Fíjate en este detalle para ver cómo cada interacción cambia o no tu manera de saludarte con la gente.

Recuerda

1. El saludo es la primera oportunidad para comunicar a otra persona aspectos relacionados con nuestra personalidad, nuestro estado de ánimo o nuestra relación.
2. Elegir un tipo de saludo u otro mandará señales de qué tipo de relación tienes o quieres tener con la otra persona.
3. Existen muchos condicionantes a la hora de abrazar a alguien que pueden revelar la relación entre ambos o la relación que, como mínimo, uno de los dos quiere tener.
4. El apretón de manos es el saludo más recomendado en entornos laborales o profesionales.

5. La gente se besa de diferente manera en todo el mundo. No saludes así cuando viajas, a menos que estés seguro de cómo se hace en ese lugar.

6. Saludar sin contacto físico es una opción que las personas debemos respetar.

7. No olvides darle al momento de la despedida la misma importancia que al saludo inicial.

6

Los gestos de un líder

No existe solo una forma de liderar. Tampoco hay una manera o estilo de liderazgo que sea mejor que los demás, ni es necesario que jerárquicamente tengamos la posición de líder para actuar como tal. Sin embargo, sí que existen patrones de conducta y comportamiento que solemos asociar a un liderazgo positivo.

Independientemente de cómo sea tu carácter, tu personalidad, etc., siempre se considerará como algo positivo que, como líder, seas capaz de mostrarte confiado y seguro, así como transmitir la sensación de tener el control de la situación o ser una persona a la que se puede acudir en momentos de duda o inseguridad. Y todo ello se refleja en el lenguaje corporal.

Por supuesto, en ocasiones puedes sentir que la situación te sobrepasa o te desborda. En tal caso, como mínimo, has de ser consciente de si se lo estás transmitiendo a tu entorno (tanto a nivel verbal como no verbal) y si el hecho de hacerlo puede resultarte beneficioso o no, tanto para ti como para el resto de las personas.

Porque, al fin y al cabo, un equipo puede contagiarse de la corporalidad de su líder y que todo el mundo experimente lo que está sintiendo este. Si un conjunto de personas está en tensión, pero ve a su líder calmado, es probable que esa tensión se rebaje. En cambio, aumentará aún más si también la ven reflejada en su líder, debido a la imitación inconsciente que a menudo se hace de la persona con más poder. Para ello es imprescindible que esta dé ejemplo para que los demás lo sigan.

Pero sí existe una condición indispensable para transmitir un liderazgo creíble: tu lenguaje no verbal debe ser congruente con lo que cada situación requiera, y a la vez transmitir autenticidad y naturalidad en relación con el mensaje que quieres mandar. Nada chirría más que un líder con una gestualidad impostada, porque seguro que le generará una inseguridad que a su vez se reflejará en su cuerpo. Todo ello, por supuesto, debe ir también de la mano de tu personalidad; no se trata de crear un personaje ficticio cuando nos toque liderar.

El lenguaje corporal de un líder

Una corporalidad serena y no agitada, incluso en momentos de crisis o tensión, puede ayudarte a transmitir sensación de control. Y es que quien te mira puede interpretar un exceso de ruido corporal o movimiento como que estás desbordado y sobrepasado, lo que hará que rebaje su nivel de confianza en ti. Sería complicado que alguien se sintiera tranquilo si su líder le pidiera que mantuviera la calma mientras está hecho un manojo de nervios. Por eso mantener la calma en lo que respecta a los gestos puede ser clave en momentos de máxima presión, tanto para ti mismo como para quienes te rodean, que pueden llegar a contagiarse positivamente. De igual modo, generar una corporalidad serena de manera consciente puede ayudarte a tranquilizarte y mejorar tu estado de ánimo, como hemos comentado.

Una postura serena es la que tiene movimientos firmes pero no agitados. Que sobre todo es congruente con lo que estás diciendo o transmitiendo de viva voz. Esto incluye una gesticulación abierta, fluida y natural, así como una gestión del contacto visual en la misma línea con los que te rodean.

A su vez, un líder ocupa su espacio con naturalidad, reclama el territorio espontáneamente. Se refleja, por ejemplo, al andar, pues los brazos se balancean con naturalidad y no se adoptan posturas de cierre. O sentados, ocupando todo el espacio y no al borde de una silla o sillón.

Por último, un buen lenguaje no verbal de un líder también será el que muestre voluntad de acción y predisposición al movimiento cuando la situación lo requiera. De todo ello hablaremos en este capítulo.

LOS GESTOS PARA REMARCAR TU AUTORIDAD

Hay una serie de gestos y corporalidades asociados que pueden generar un impacto positivo inconsciente en quienes te rodean. Gestos que transmiten autoridad, que pueden ayudarte a consolidar la actitud positiva de un buen líder. Deben usarse con mesura y cuando la situación lo requiera.

Se trata de gestos potentes que seguro que evitarías hacer en demasía hacia un superior. Debes tener en cuenta también un par de aspectos: no los uses de manera impostada o forzada. Salta a la vista cuando alguien los hace sin sentirlos realmente. Y, por otro lado, evita hacer un uso excesivo de ellos, ya que pueden convertirte en alguien demasiado autoritario y rígido, poco accesible.

El hachazo. Se trata de un gesto contundente creado con un movimiento de lado a lado del brazo en paralelo al suelo, con los dedos de la mano unidos y la palma hacia abajo. Suele hacerse para acompañar un discurso de negación, rechazo o finalización de algo, y ciertamente transmite muy poca voluntad de reconsiderar la decisión tomada.

La pinza. Este gesto se utiliza para remarcar las partes más importantes de nuestro discurso, para asegurarnos de que quien nos oye sea consciente de la importancia que tienen.

La acotación. Poner las manos en paralelo y perpendiculares al suelo. Se suele usar cuando queremos delimitar o acotar ya sea un periodo de tiempo o una cantidad de dinero, por ejemplo, si bien a veces se emplea de manera más genérica.

Señalar con el dedo. Un gesto agresivo y siempre controvertido, que en la medida de lo posible se recomienda no utilizar. Suele llevar implícitos una acusación y, a menudo, un exceso de autoridad. Si quien lo contempla lo ve como una amenaza, automáticamente se pondrá a la defensiva, sobre todo si el dedo lo señala directo a él. Para evitarlo, prueba a dirigirte al aire en su lugar; así lo convertirás en algo menos agresivo. Y ten presente siempre aquel proverbio inglés que dice: «Cuando apuntas a alguien con el dedo, recuerda siempre que tres dedos te apuntan a ti».

La palma hacia abajo. Solemos asociar este gesto a una posición de poder y dominante, que suele llevar implícita poca voluntad de plantearse un cambio de opinión. Solemos hacerlo cuando verbalizamos algo de suma importancia y queremos dejarlo bien claro, a menudo para rechazar también algo que hemos visto o se nos ha dicho. Quien lo sufre no suele recibirlo muy bien si se abusa del gesto. El gesto equivalente en una mesa acostumbra a hacerse colocando ambas manos con las palmas hacia abajo, extendiendo y separando los brazos entre sí de forma considerable.

El triángulo o el campanario. Unir las manos por las puntas de los dedos, con los dedos y las palmas separados, es un gesto que en teoría hace quien siente que tiene el control o el poder sobre la situación. Seguramente se lo habrás visto hacer infinidad de veces a Angela Merkel. En los últimos tiempos mucha gente lo adopta de manera impostada en redes sociales, televisión, reuniones laborales, etc., incluso cuando es evidente que no acaban de controlar o dominar la situación.

Andar con las manos detrás de la espalda. Cuando caminas por una estancia con las manos entrelazadas por detrás de la espalda, estás generando una imagen de autoridad y control de la situación. Expones todo el cuerpo y no utilizas las manos o los brazos para protegerlo. Sin embargo, si te excedes usando este recurso puedes crear una imagen de ti como alguien poco accesible o rígido. Y, sí, es la típica pose que también asociamos todos a los abuelitos cuando están paseando.

Brazos en jarra. Esta es una pose que se equipara a una figura dominante y autoritaria. A la vez se transmite poca voluntad de escucha o participación. Es probable también que comunique cierto tono de hostilidad, acusación o culpación hacia la persona a quien le dedicamos esta postura.

MOSTRAR PREDISPOSICIÓN PARA ACTUAR

De un líder se espera capacidad de reacción y determinación a la hora de actuar. Nadie confiaría en el liderazgo de alguien que permanece no reactivo o inmóvil en una situación que exige tomar las riendas. Evita gestualidades como brazos cruzados o miradas perdidas en estos casos. Encogerse de hombros o meter las manos en los bolsillos. Agachar la cabeza. Permanecer echado hacia atrás si estás sentado en una silla.

Por otro lado, hay un gesto que les encanta hacer a los políticos para transmitir voluntad de acción, de que nada los puede parar: remangarse la camisa. Pueden hacerlo ante nuestros ojos o salir directamente remangados. Es una imagen que por lo general asociamos a alguien dispuesto a pasar a la acción, que no va a quedarse inactivo.

Frotarse las manos también es un gesto que las personas asociamos a voluntad de acción, la antesala de que se va a iniciar un movimiento. Este gesto puede explicarse por la utilidad que tiene a la hora de calentar las manos por el calor que provoca la fricción, y evitar pasar a la acción con las manos frías. Por supuesto, debes descartar que la causa de ese gesto no sea que alguien tiene frío y simplemente está calentándose las manos, o que es un gesto para autocalmarse.

SER ACCESIBLE Y SABER ESCUCHAR

Entendemos también que es un buen líder el que es accesible para los que tienen que responder ante él. Que demuestra una buena capacidad de escucha y sabe crear el clima y los escenarios precisos para que las personas puedan expresarse libremente y comunicar lo que en realidad quieren comunicar. Que sabe sostener, colocar y dar el espacio que merecen a los que le rinden cuentas.

A la hora de comunicarte con tu equipo, adopta posturas abiertas evitando bloqueos. Ten presentes también las barreras que se interpongan entre tú y tu interlocutor. Tanto las que creas con tu propio cuerpo como las formadas por objetos físicos. No escondas las manos y procura orientar el cuerpo al de la otra persona. No te distraigas con nada ni te pongas a juguetear con objetos como anillos, los propios dedos, bolígrafos, etc.

Pese a ser accesible y saber escuchar, en momentos puntuales podemos generar expresiones de rechazo o disconformidad por lo que estamos viendo u oyendo. Estas suelen magnificarse cuando alguien las ve en una persona de jerarquía superior: no es lo mismo que tu superior muestre disconformidad por algo que acabas de decir, que el hecho de que lo haga, por ejemplo, un compañero.

Intenta controlar este tipo de expresiones o, como mínimo, ten en cuenta su posible impacto en tus interlocutores si eres su líder, y a la vez ponlas siempre en perspectiva si te las hace a ti un superior: gestos como fruncir el entrecejo, sellar los labios, arrugar la nariz, echarte para atrás en la silla, negar con la cabeza o utilizar la mano en señal de stop.

LENGUAJE CORPORAL QUE DEBEMOS EVITAR

Evita bailecitos o vaivenes mientras hablas de pie, así como paseítos nerviosos e innecesarios que no transmiten ningún tipo de seguridad. No tengas una gesticulación demasiado impetuosa. No te «escondas» demasiado tras atriles, mesas, sillas o cualquier elemento arquitectónico. Controla la respiración en momentos de nervios. Un exceso de estos en una situación delicada puede influir de forma negativa en tu voz y hacerte hablar a trompicones y de manera más aguda. Respirar mejor puede evitarlo en gran parte.

Las posturas rígidas, agarrotadas o cerradas también pueden jugar en tu contra, así como el exceso de gestos adaptadores, los que hacemos con nuestro propio cuerpo para calmarnos en situaciones de nervios o tensión. Desde jugar nerviosamente con un anillo hasta frotarnos las manos o los dedos de modo compulsivo. Algo parecido ocurre con los gestos que se repiten con ahínco, como tamborilear con los dedos, morderse las uñas, darle vueltas a un bolígrafo o jugar con él, o agitar nerviosamente todo el tiempo una pierna si estás sentado.

Por supuesto, estas corporalidades negativas son consecuencia de un estado de ánimo negativo, de una falta puntual de habilidades o de algo no previsto que te sobrepasa. Mejorar en tu desempeño laboral, tus conocimientos, experiencia o formación hará que tu lenguaje no verbal vaya mejorando en la mayoría de las situaciones. Pero si logras darte cuenta de cómo tu cuerpo te está delatando, tomar conciencia de ello te será de gran utilidad. Que de manera consciente hagas por controlarlo te ayudará a mejorar la sensación que tienes acerca de la situación que estás viviendo, y a la vez quienes te están viendo tendrán una mejor percepción de ti.

Saludos de líder

Como hemos visto en el capítulo cinco, el saludo es la primera oportunidad que solemos tener para marcar el tono de nuestro encuentro con otra persona y el tiempo que pasaremos con ella.

Es, por tanto, la primera oportunidad que tenemos para comunicar o no nuestras dotes de líder. Un saludo firme y con toda la intención puesta en él es una muy buena forma de empezar nuestra interacción con una persona.

El saludo más estandarizado en ambientes laborales es el apretón de manos, si bien deberías estar atento y fijarte en las señales corporales de tu interlocutor por si propone otro tipo de saludo para, si a ti te parece bien, corresponderlo.

Este debe ser firme pero no excesivamente fuerte. Poner una sonrisa y hacer un buen contacto visual es imprescindible, a menos que las circunstancias no lo recomienden.

Y, como hemos comentado en el capítulo cinco, en un apretón de manos ambas manos deben estar rectas, en perpendicular al suelo.

Muchos líderes duros y coercitivos creen que hay que hacer una demostración de fuerza nada más saludarse con un apretón de manos, algo así como aprovechar la ocasión para marcar territorio. Los saludos favoritos de estos líderes son el quebrantahuesos, el reforzado y el reubicador (hemos hablado de todos ellos en el capítulo de los saludos). Utilizarlos con fuerza y exageración no es en ningún caso una buena idea si lo que se quiere es tener una relación cordial con la otra persona, que se puede tomar a mal esta necesidad de imponer jerarquía en la relación.

> Saludos a diferentes niveles: si tu interlocutor te espera a otro nivel de altura, por ejemplo, en lo alto de una escalera, y le das la mano cuando aún no has llegado arriba, él estará colocado en una posición de control y dominio sobre ti por estar a mayor altura. En la medida de lo posible puedes evitarlo si, por ejemplo, empiezas a subir las escaleras tan pronto como puedas y das uno o dos pasos ya a su altura para que cuando os deis la mano os encontréis de igual a igual.

Contacto físico

En principio, un contacto físico se produce cuando hay confianza entre ambas personas, cuando la relación existente lo permite. Tocarse refuerza el vínculo entre las personas, hace que se sientan más cercanas entre ellas y exista una mejor conexión. Es algo que se establece con buena voluntad. Pero cuando entran en escena jerarquías y liderazgos, al contacto se le atribuyen otras cualidades.

La persona de mayor rango generalmente tiene mayor tendencia a tocar a la otra. En ambientes laborales o profesionales está bastante extendida la creencia de que quien toca manda, tiene una posición jerárquica superior a la de la persona a la que toca. Seguramente tú lo pensarías dos veces antes de tocar a un superior con el que apenas tienes trato. El jefe del jefe de tu jefe, por poner un ejemplo.

De modo inconsciente, es fácil que pensemos que la persona que está al mando o tiene el control de la situación es la de la izquierda:

Poner la mano en el hombro de la otra persona es un gesto de cercanía y amistad, pero a la vez se envía una señal de control y dominio sobre el otro, y eso es algo que por ejemplo los políticos quieren evitar sufrir a toda costa.

Por todo ello, a menudo verás auténticas peleas y enredos por ver quién toca más al otro cuando veas saludarse o interactuar a políticos o grandes líderes empresariales. Cuando uno pone la mano encima del otro, por lo general en el hombro, el otro suele devolverle el mismo gesto saltando casi como un resorte. Las palmaditas en el hombro tampoco suelen ser bien recibidas. Igual que la mano en la espalda cuando dos personas abandonan un acto y se dirigen a donde sea dando la espalda a la audiencia. Si uno hace el saludo reforzado al otro, el otro enseguida hace por tocar alguna parte del cuerpo de ese uno con la mano que le queda libre (el saludo reforzado es ese en el que pones la mano que te queda libre encima de las dos manos que están dándose el apretón). También verás que algunos agarran el codo de la otra persona cuando esta tiene la mano posada en su hombro. Todo ello con frecuencia se ve desde fuera como si dos niños estuvieran jugando al tú la llevas.

Y sí que tal vez en ocasiones puede existir un afecto y una amistad entre ambos que los conduzca a hacer este gesto de manera sana y espontánea, pero a menudo lo hacen para lograr una imagen de superioridad y dominio sobre el otro.

Contacto visual

No siempre es fácil saber quién es el líder de un grupo de un simple vistazo. Cuesta menos trabajo averiguarlo cuando se crea o existe una situación complicada: es la persona a la que todo el mundo mira, la que atrae todas las miradas de quienes buscan información sobre qué hacer, cómo reaccionar, etc. Lo último que se espera de un líder en una situación embarazosa, en la que todas las miradas se dirigen a él, es que él también la desvíe o las rehúya. Puede interpretarse como un abandono de responsabilidades o como que no se siente preparado para afrontarlas.

De igual modo, no es fácil sostener la mirada en situaciones adversas. Cuando algo nos conecta con algún tipo de negatividad, la reacción natural es agachar la cabeza y desviar la mirada hacia abajo. Puede ser por cualquier razón (culpa, vergüenza, timidez, etc.), pero quien te vea hacerlo probablemente sacará una interpretación negativa de este gesto. Intenta mantener la mirada firme en situaciones de este tipo siempre que sea posible.

Recuerda también que todas las miradas de aprobación se dirigen hacia esa persona que queremos que valide lo que estamos diciendo o haciendo.

Pase usted primero

Las personas con mayores dotes de liderazgo tienen tendencia inna-
ta a marcar los tiempos para ir dando paso a las distintas fases que
se dan en un encuentro. Por ejemplo, emplazar a alguien a moverse
hacia el siguiente escenario con el típico gesto de señalar extendiendo el brazo con la palma hacia arriba (se trata de gestos reguladores,
como hemos visto en el primer capítulo).

Se lo verás hacer a muchos líderes políticos, sobre todo en presencia de periodistas y cámaras, para que les tomen imágenes que
evidencien quién tiene el control de la situación. Estos gestos no deberían hacerlas los invitados, ya que se supone que es el anfitrión
quien se encarga de dirigir el encuentro.

Pasa algo parecido con la posición que adopta alguien en un grupo o comitiva en movimiento. Cuando se anda con otra persona o
en grupo hacia algún sitio determinado, la persona que está o quiere estar al mando tiende a quedarse o andar el último (a menos que
haya un peligro evidente y palpable, entonces se pondrá delante). Se
obtiene una visión global y se puede controlar a todo el grupo. Además, cuando se hace pasar a alguien delante, se le obliga a exponer
la espalda, una de nuestras partes más vulnerables y desprotegidas,
y eso es algo que puede disgustar a muchas personas. Por otro lado,
a veces influye el factor cultural. En algunas culturas, como la ára-
be, el hombre siempre quiere ser el último en entrar en cualquier lugar, por eso a veces se suceden imágenes curiosas cuando todos ellos
se pelean por ser el último.

Sobre todo cuando estés de visita o en el territorio de alguien,
deberías cederle el privilegio de que decida si le importa ir en último lugar o no. Invitar a alguien a que pase delante de ti estando en
su casa puede ser una señal de descortesía, puesto que es un papel
que se le supone al anfitrión.

Si dos personas van andando juntas y una de ellas muestra mucho más interés por la otra (con respecto a la orientación del cuerpo, el contacto visual y el diálogo), siempre tendremos la percepción de que la persona más dominante es la otra. Sobre todo si esta última mantiene la mirada al frente y no desvía la orientación de su cuerpo hacia quien le habla. Tenlo en cuenta cuando vayas a entrar o salir de un sitio, o andes por ahí con alguien y te importe la imagen que quien os rodea se haga de ti.

El espacio

El uso que hacemos del espacio tiene un impacto considerable en cómo otras personas te perciben, como hemos ido comentando a lo largo de este libro. Y esto se aplica también al liderazgo. Ver a alguien que ocupa con naturalidad el espacio que lo rodea se asocia de forma inconsciente a un estado de seguridad y confianza del todo necesarios para ejercer el liderazgo.

Normalmente, las personas con mayor liderazgo tienden a imponer su presencia, a hacer una mayor ocupación del espacio y a no respetar las distancias de la misma manera que quienes están a su cargo.

Liderazgo y lenguaje corporal en el deporte

Uno de los escenarios donde más impacto tiene el lenguaje no verbal es en el deportivo, el competitivo. Por la imagen mental que se crea de ti tu oponente, por lo que ve en ti y por cómo tú mismo te dejas condicionar por la imagen que genera tu cuerpo.

Un estudio de Philip Furley y Alexander Roth concluyó que el lenguaje corporal de un futbolista antes de lanzar un penalti influye de forma considerable en sus posibilidades de marcar gol. En su estudio determinaron que, de media, los futbolistas que fallaban sus lanzamientos habían pasado más del 60 por ciento del tiempo previo mirando al suelo. Si, además de mirar hacia abajo, el futbolista tampoco establecía contacto visual con el portero en ningún momento, todavía se marcaban menos goles. Mirar hacia abajo y evitar el contacto visual con el portero lleva a hacerse una imagen negativa del lanzador, asociada a inseguridad y nervios sobre todo, e inconscientemente el guardameta se veía más confiado y con más posibilidades de detener el chute.

En el deporte, la imagen que se construye nuestro rival de nosotros por nuestro lenguaje corporal puede tener un impacto capital en el juego. Si tu rival percibe en ti un lenguaje no verbal negativo, le puede dar alas en determinados momentos. Estos son los signos:

- Cabizbajo
- Encorvado
- Mirando al suelo
- Brazos en jarra

En cambio, una expresión corporal positiva puede condicionar a tu favor las probabilidades de vencerte que crea tener tu rival de ti:

- Cabeza alta
- Mentón arriba
- Mirada fija y desafiante

Además, como ya hemos dicho, tu estado de ánimo puede condicionar tu lenguaje corporal, pero también puede suceder lo contrario. Evitar posturas derrotistas en los malos momentos e intentar mantener un lenguaje corporal favorable puede tornar en positivo ese estado anímico negativo.

En el deporte es muy común celebrar una victoria levantando los brazos hacia arriba. Según Joe Navarro, los gestos que desafían la gravedad siempre se asocian a sentimientos positivos. Además, es un gesto que ya se ha normalizado y todos hemos aprendido a hacerlo y a relacionarlo con momentos de victoria. Por el contrario, la otra cara de la moneda, el lenguaje corporal de quien pierde a menudo suele mostrarse en dirección contraria: cabeza y hombros hacia abajo, espalda encorvada, etc.

Recuerda

1. Existen muchos tipos de liderazgo, pero todos ellos deben ir acompañados por una corporalidad que refuerce el estilo de liderazgo empleado.
2. El lenguaje corporal de un líder tendrá un reflejo en aquellos que responden ante él: es probable que se sientan de igual manera que creen que se siente su líder por cómo interpretan su lenguaje corporal.
3. Un líder debe tener una corporalidad que refleje capacidad y voluntad de pasar a la acción en circunstancias que así lo requieran.
4. El saludo es la primera oportunidad para transmitir liderazgo. Saluda de forma consciente, poniendo toda tu atención en la otra persona al hacerlo.
5. El líder es la persona en la que se centran todas las miradas en momentos de tensión, duda o confusión. Debes aguantar esas miradas y no rehuirlas, o tu imagen de liderazgo se verá negativamente afectada.

6. Los líderes tienden a marcar los tiempos en sus interacciones con las otras personas, a menudo invitándolas a que pasen primero o inicien antes las diferentes acciones.

7. La distribución del espacio comunica también aspectos relacionados con el liderazgo. A quien lidera se le suele atribuir una mayor ocupación del espacio.

8. En el deporte se puede condicionar la percepción del contrario por lo que transmite la corporalidad. Y ello puede contribuir a que se venga arriba o a que le entren más dudas.

7

La comunicación no verbal en entornos digitales

La comunicación simultánea y sincrónica es la que se produce cuando todas las partes implicadas están presentes y pueden verse y reconocerse, y los mensajes pueden enviarse y recibirse de manera inmediata y bidireccional. La humanidad se ha comunicado así durante casi toda su existencia. Y al hacerlo se puede hacer uso de las tres grandes patas del lenguaje: el verbal, el no verbal y el paraverbal.

El verbal es el que se refiere a las palabras que utilizamos. El paraverbal es cómo emitimos las palabras: el tono, el volumen, el ritmo, la velocidad, la claridad. Sin que exista un porcentaje exacto, en condiciones genéricas procesamos gran parte de la información a través del lenguaje paraverbal y el no verbal. Estos amplían y matizan la información que nos llega a través de las palabras. Por ejemplo, alguien puede proferirnos un insulto, pero por la sonrisa que pone y el tono divertido que emplea nos queda claro que lo ha dicho de broma.

Con la llegada del teléfono, por primera vez la comunicación podía seguir siendo simultánea y síncrona sin que todas las partes coincidieran en el mismo espacio. Pero perdíamos por completo una de las tres grandes patas de la comunicación: el lenguaje no verbal.

Esto significa que ya no puedes ver a la otra persona, de tal modo que las herramientas que tenemos para descodificar la comunicación se limitan al lenguaje verbal y al paraverbal, que vendría a ser lo mismo que decir que pasamos de circular por una autopista a hacerlo por un camino.

Dejamos de ver las reacciones físicas de nuestro interlocutor a lo que decimos. Nos cuesta más saber si la otra persona está entendiendo lo que decimos o si tiene dudas, porque no podemos verle la cara ni las reacciones que normalmente alguien tiene mientras escucha a otra persona. Y esto puede derivar en malas interpretaciones o en malentendidos. Además, tampoco tenemos la certeza de que nos esté atendiendo al cien por cien o si está haciendo otra cosa mientras habla con nosotros.

Las videoconferencias

Durante años se pensó que, si de alguna manera pudiéramos vernos con la otra persona a la vez que hablamos por teléfono, estaríamos casi emulando la experiencia de un encuentro presencial. Esto en teoría debería haberse logrado con la llegada y posterior asentamiento de las videoconferencias, pero todos sabemos que no ha acabado siendo así por completo.

Porque la videoconferencia, o videollamada, genera una falsa ilusión de encuentro, donde al ver a la persona, pero no poder interactuar físicamente con ella, se genera una mayor voluntad o necesidad de hacer los gestos, aproximaciones o contactos que haríamos si la tuviéramos delante. Esto puede llegar a provocar una frustración que, por ejemplo, no se crea por igual con el teléfono, ya que ahí no existe la imagen. Todo ello contribuye a que tengamos esa sensación de que las videoconferencias son un medio más frío, pues se quedan a las puertas de emular un encuentro real que no logran por completo.

Por todo ello, todos tenemos muy claro que, si albergamos un gran interés (del tipo que sea) por convencer o persuadir a la otra persona cuando hablemos con ella, siempre preferiremos el encuentro presencial si es factible. Además, cuando dos personas acuerdan verse un día y una fecha en concreto, ambas tienen que hacer un esfuerzo. El que se desplaza debe dedicar tiempo, energía y recursos tanto para ir como para volver. Y el que recibe al otro tiene que procurar disponer de su tiempo y de un espacio acorde para recibir esa visita. Todo ello genera un vínculo entre ambos que no existe en las videoconferencias.

CONSEJOS PARA ACERCAR EL ENCUENTRO VIRTUAL AL PRESENCIAL

Y es que una serie de factores explican que sintamos una menor conexión en una videoconferencia que en un encuentro en persona. Muchos de ellos están relacionados con el lenguaje no verbal y existen una serie de herramientas que pueden ayudarnos a acercar esta experiencia virtual todo lo posible a una presencial.

El ritual del saludo

En un encuentro de este tipo no existe el momento del saludo físico. Perdemos una interacción que sirve para marcar el tono, para ver la voluntad que tiene la otra persona de darnos la mano, abrazarnos, tocarnos, etc. Además, ya hemos comentado que el contacto físico puede contribuir a crear o consolidar el vínculo entre las personas.

Por todo ello, dedica tiempo en una videoconferencia a saludar a la otra persona cuando ambas os veáis. Haz gestos con la mano o expresiones con la cara para saludarla, para dar a la videoconferencia un enfoque lo más «presencial» posible.

Adapta la gesticulación

En persona tenemos mucha más capacidad de ver pequeños gestos o expresiones en nuestros interlocutores que en una videoconferencia. Desde un minúsculo desvío de mirada a, por ejemplo, un ligero gesto de apretar los labios.

Por mucha calidad tanto de imagen como de conexión que tengamos, la experiencia es incapaz de emular al cien por cien la presencialidad y perdemos todos estos matices. Y todavía es más difícil si se trata de un grupo de personas y habilitamos la vista que nos permite verlas a todas a la vez. Además de tener delante a un número de personas absolutamente imposible de procesar a un tiempo, en estos casos el tamaño de la cara de la persona con la que estamos hablando es realmente minúsculo.

Por todo ello, trata de marcar más los gestos que te interese que lleguen a tus interlocutores. Por ejemplo, en un entorno multimedia tal vez no sea suficiente un ligerísimo asentimiento de cabeza para comunicar que estás de acuerdo con lo que escuchas. Márcalo un poco más, lo suficiente para que se vea claro en pantalla.

Promueve el contacto visual

En una videoconferencia grupal, configura siempre la vista de galería para ver las caras de todo el mundo. Mejor olvida la opción de ver solo al hablante. Pide a todos los del grupo que hagan lo mismo si está dentro de tus posibilidades o el formato del encuentro lo permite o aconseja. Así, a través del contacto visual, las personas tendrán una mejor conexión entre ellas y mayor sensación de estar efectivamente reunidas con más gente. El precio, eso sí, es que puede ser abrumador tener a cierta cantidad de personas enfrente y que sea difícil prestarles atención a todas, como acabamos de comentar.

Procura también encender la cámara si ves que alguien está hablando y nadie la tiene conectada. Puede ser muy frustrante hablar a un grupo de personas sin que ninguna tenga la cámara conectada. No tienes forma de saber cómo la gente está reaccionando a tu discurso y vas a ciegas, lo que genera una sensación de incertidumbre continua. Si quien está hablando puede ver, como mínimo, la cara, estará eternamente agradecido. Lograrás, además, generar un vínculo con esa persona que no conseguirán los que permanezcan con la cámara apagada. De hecho, es fácil que, de manera inconsciente, tendamos a tener menos en cuenta a las personas que no conectan la cámara en un grupo donde otras personas sí lo hacen (por supuesto, existen condicionantes que a veces nos obligan a actuar de un modo u otro; aquí hablamos de cuando la decisión de conectar o no la cámara es solo tuya).

Utiliza correctamente la cámara

Si usas correctamente una serie de factores y configuraciones relacionados con la cámara, pueden contribuir a generar y mejorar tu imagen para que se adapte más y mejor al mensaje que quieres transmitir.

El encuadre. Sin duda el mejor encuadre que puedes utilizar en una videoconferencia es el que deja que se te vea de medio tronco hacia arriba.

Esto permite que ocupes con naturalidad y proporcionalidad la parte que te toca de la pantalla. Dejas que el plano respire por los lados y por arriba, y generas una experiencia más cercana a la presencial. Además, se te verán las manos y puedes utilizarlas para gesticular y reforzar tu mensaje. Piensa que, si el plano no permite que se te vean las manos, vas a parecer un busto inmóvil la mayor parte del tiempo, y ya de por sí estamos más quietos.

El ángulo de la cámara. En la medida de lo posible deberías tener la cámara a la altura de los ojos. Se trata de dar una imagen centrada de ti. No la pongas demasiado alta para que no se te vea en una posición inferior. Tampoco debería estar demasiado abajo para no obsequiar a tus interlocutores con un plano interminable de tu papada.

La cercanía de la cámara. No la coloques demasiado cerca de manera que tu cara ocupe toda la pantalla. Es invasivo y para la otra persona puede resultar desde molesto hasta grotesco. Tampoco es buena idea ponerla demasiado retirada y que aparezcas demasiado lejano a ojos de tu interlocutor. Lo ideal es colocarla a unos cuarenta o cincuenta centímetros de ti.

Dónde tenemos que mirar. Hemos normalizado que las personas no miren directamente a cámara, sino a los lados, ya que en teoría están observando a otras participantes en la videoconferencia. Esto significa que no sentimos que nos estén mirando, ni siquiera cuando se dirigen a nosotros, y la conexión con la otra persona se ve afectada en menor o mayor medida.

Puedes probar a hablar dirigiéndote a la cámara en lugar de a la pantalla cuando te toque hablar a ti, o incluso al estar escuchando. Tal vez te resulte incómodo o extraño y prefieras mirar a la pantalla, esto tendrás que decidirlo tú.

> Si tienes que compartir cualquier documento desde tu pantalla, aprovecha alguna explicación larga que tengas que dar para dejar de compartirlo y hacer que la gente vuelva a verte a ti y a tu rostro; así mantendrás la conexión con ellos.

Cuida lo que se ve detrás de ti

A pesar de que en los últimos tiempos se ha distendido el tono general que empleamos en las videollamadas (incluyendo las laborales), el fondo que hay detrás de nosotros sigue teniendo una importancia capital. Puede ayudarte a transmitir una mejor imagen de ti, pero también puede perjudicarte.

Procura que el fondo que se vea a tus espaldas hable bien de ti. A menudo puede pasar que alguien se esté fijando en todos y cada uno de los detalles de tu despacho, habitación, etc., sin que seas ni siquiera consciente de ello.

Busca un escenario que te represente y sea congruente con el mensaje que quieres comunicar. Será difícil que alguien crea que eres metódico y organizado en tu trabajo si detrás de ti se ve una habitación destartalada y desordenada.

Es imprescindible que exista una buena iluminación, a poder ser frontal o que, como mínimo, esté bien repartida por toda la sala. Si hay un punto de luz único y muy grande detrás de ti (una ventana, una lámpara, etc.), conseguirás que a ti se te vea muy oscuro. En una reunión o videoconferencia múltiple tendemos a ignorar a quienes se ven excesivamente oscuros, tanto ellos como su fondo. Los ignoramos casi al mismo nivel que si no tuvieran la cámara conectada.

> Durante el confinamiento de 2020 se popularizó mucho el hecho de hacer las reuniones virtuales, las videoconferencias o las conexiones en directo con la cámara delante de una estantería con libros. De forma inconsciente asociamos los libros a conocimiento, sabiduría y autoridad. Llegaron a venderse multitud de piezas de cartón que simulaban una estantería con libros a tamaño real.

La sonrisa de zoom y el wave final

Es una práctica habitual que la gente termine sus reuniones, además de con un gesto de adiós con la mano, con una sonrisa que cesa de golpe después de darle al botón rojo que desconecta la videollamada.

Además de que se ha instaurado casi como un ritual de despedida, contribuye a mejorar la percepción que la gente tiene de cómo ha ido la reunión virtual. De manera inconsciente tendemos a valorar las cosas por cómo terminan (como ya hemos comentado antes), y acabar con una sonrisa contribuye a que esa valoración sea más positiva por mucho que todos sepamos que la mayoría de las veces se trata de una sonrisa que hacemos sobre todo para agradar al otro, como hemos visto en la primera parte del libro.

VERTE A TI MISMO

Las videoconferencias nos dan algo que hasta ahora no nos había proporcionado ningún otro sistema de comunicación: puedes verte a ti mismo. Esto representa una excelente oportunidad para verte en acción. Ver cómo te ven desde fuera. Cómo son tus gestos. Qué proyecta tu cara, tu cuerpo, tu ropa y el fondo de la habitación en la que te encuentras. Cómo gesticulas y cómo reaccionas a las distintas cosas que van pasando. Puedes tomar nota de lo que te gusta y de lo que no para cambiarlo. Tómatelo como una manera de obtener una información que difícilmente podrías haber recopilado de otro modo.

CAUSAS DE «LA FATIGA DE *ZOOM*»

Autoobservarte es una de las cuatro causas que contribuyen a lo que se denomina «la fatiga de *zoom*». Esas cuatro causas están relacionadas con el lenguaje no verbal y las recoge Jeremy N. Bailenson en un estudio publicado en la web Technology, Mind and Behaviour:

1. **Verte a ti mismo.** El hecho de fijarnos en nosotros mismos e intentar controlar nuestros gestos, expresiones, lenguaje corporal, etc. puede suponer un esfuerzo considerable, y tienes que hacerlo a la vez que estás comunicándote con todo el mundo presente.

2. El esfuerzo para comunicarse. Cara a cara, una ligera afirmación con la cabeza es visible y perceptible por la otra persona, enseguida se detecta el movimiento. En una videoconferencia sabemos que no es tan fácil transmitir estas señales y tendemos a exagerar y alargar más la duración de los gestos con el esfuerzo que esto supone. Además, otro estudio demostró que de media tendemos a hablar hasta un 15 por ciento más alto en una videoconferencia, en comparación con una conversación cara a cara. Imagina que estás ocho horas al día hablando un 15 por ciento más alto de lo normal.

3. La cantidad de contacto visual. En una llamada múltiple puedes llegar a tener a decenas de personas mirándote a ti. Por mucho que en realidad estén mirando sus pantallas, el cerebro interpreta que te están mirando a ti, algo que puede resultar abrumador. Además, todos ellos están a una distancia muy corta. A esa distancia el cerebro está acostumbrado a gestionar a una o dos personas, no a cincuenta.

4. La restricción de movimientos. Sabemos que debemos aparecer más o menos centrados en pantalla, y para ello evitamos movernos más de la cuenta. Además, tampoco podemos levantarnos y exponer o hablar mientras caminamos por la sala, algo que sí podemos hacer en una reunión presencial. El movimiento nos ayuda a organizar mejor nuestros pensamientos, a ser más creativos.

Vídeos para redes sociales

Cada vez existe una mayor tendencia a consumir contenido en formato de vídeo en las diferentes redes sociales. Todas ellas están promoviendo este tipo de formato y constantemente envían mensajes de que los vídeos cada vez tendrán mayor visibilidad frente a las imágenes o los textos.

Es probable que, a la hora de crear tus vídeos para tus redes, verte te genere un alto impacto (o que, como mínimo, lo hiciera al principio), un impacto cuando menos negativo, que te provoque cierto rechazo.

Una de las causas principales de este rechazo es que la imagen tuya que estás acostumbrado a ver es la que te devuelve un espejo, cuando en realidad es una imagen invertida que tu cerebro ha normalizado y entendido como tu imagen normal. Como en una pantalla se pierde el efecto reflejo, te ves los lados de la cara sin invertir. Y te ves raro. Pero no te preocupes: es lo que lleva viendo de ti todo el mundo desde que naciste. Y si te preocupa, casi todos los teléfonos móviles hoy en día te dan la opción de grabar tus fotos o vídeos aplicándoles el efecto espejo.

Ocurre algo parecido cuando escuchas tu voz en una grabación y te resulta extraña. Esto se debe a que siempre la oímos desde dentro de nuestra cabeza, con las particularidades acústicas que ello conlleva, mientras que todo el mundo la percibe desde fuera, que es la misma que oyes tú en una grabación.

El mejor remedio contra este rechazo a nuestra propia imagen es acostumbrarse a verse y a oírse en grabaciones.

MEJORES VÍDEOS GRACIAS AL LENGUAJE NO VERBAL

Además de la gestión de la cámara que hemos comentado, existen una serie de recomendaciones que, si las tienes en cuenta, pueden ayudarte a grabar vídeos donde te veas más convincente y persuasivo, más auténtico y creíble. Hará que tus vídeos sean más atractivos e interesantes de ver, tanto para tu comunidad como para aquellos que aún no te conocen.

Grábate y mírate tantas veces como sea necesario antes de publicar. Que no te dé reparo hacerlo. Es mucho peor no querer verte por vergüenza y publicar un vídeo que podría ser mucho mejor. Adopta una postura relajada y natural. Huye de estar excesivamente tenso o rígido. Gesticula con naturalidad y fluidez. Muéstrate auténtico. Que se te vea cómodo haciéndolo, nada de parecer impostado o forzado.

Grábate cuantas veces sean necesarias. Revisa la grabación y, desde fuera, fíjate en qué puedes mejorar. Desde el enfoque hasta qué parte de tu cuerpo aparece o no en el vídeo. Adopta una postura que te haga sentir bien. Todo ello se reflejará en el tono del vídeo.

El mensaje que mandas con tu lenguaje no verbal, con tu imagen, tiene que ser congruente con lo que estás diciendo. Cuida los detalles. Si existe conflicto, perderás credibilidad. No puedes, por ejemplo, hacer un vídeo hablando de la importancia de transmitir seguridad a la hora de hablar en público y aparecer en él temblando como un flan.

Fíjate en cómo queda tu mirada tras grabarte. Los usuarios se sienten más interpelados si sienten que los miras directamente en tus vídeos. Si, por ejemplo, te grabas con la cámara frontal de un móvil, seguro que te mirarás a ti mismo al hacerlo. En algunos casos es posible que luego en la grabación se te vea con la mirada como dispersa. Algunas aplicaciones, tanto de redes sociales como de grabación de vídeo, corrigen esto de forma automática. Grábate y mira si esto ocurre o si es mejor que mires a la lente de la cámara frontal de tu móvil.

Procura, en definitiva, hacer un vídeo o grabación que a ti luego, como consumidor de contenido, te gustaría ver.

Fotografías

Para empezar, la simple existencia de una foto en según qué plataformas ya puede ayudarnos, igual que su ausencia puede tener un efecto negativo. LinkedIn comunicó, a través de su blog oficial, que poner una foto en tu perfil hace que se multipliquen:

- por 21 las vistas a tu perfil;
- por 36 los mensajes recibidos;
- por 9 las solicitudes para conectar con otras personas.

Passport Photo Online publicó en su web un estudio llamado «¿Qué importancia tiene la foto de perfil en LinkedIn?», donde llegó a las siguientes conclusiones en relación con el comportamiento de los reclutadores de candidatos que formaron parte del estudio:

- El 71 por ciento de los reclutadores admiten haber rechazado a un candidato por su foto de perfil en LinkedIn al menos una vez.
- El 80 por ciento de los reclutadores de LinkedIn creen que pueden conocer mejor a los candidatos a través de las fotos de perfil.
- El 61 por ciento de las personas que rechazan perfiles por su foto de perfil también creen que los candidatos deberían ser juzgados solamente por sus competencias.
- El 88 por ciento de los empresarios admiten que es probable que descarten un perfil sin foto.
- El 87 por ciento de los reclutadores de LinkedIn consideran que la profesionalidad de una foto de perfil es un factor crítico de clasificación.

> Un perfil en redes sociales tiene más *engagement* con su comunidad y crece más rápido si en la foto sale una persona que si sale un logo, un producto, etc. Se cree que el *engagement* y ritmo de crecimiento puede llegar a ser hasta seis veces mayor en el primer caso.

Piensa que la mayoría de las personas sacarán, casi siempre instintivamente, las conclusiones más básicas, generalizadas y elementales cuando vean una fotografía tuya. Sobre todo si tu foto es una más de las decenas de fotos que esas personas puedan estar mirando en ese momento (desde buscando un candidato en LinkedIn a navegando en una aplicación de citas). Estas conclusiones, que a menudo pueden ser prejuiciosas, ilógicas, infundadas o precipitadas, pueden tener un impacto enorme en la percepción o imagen mental que las personas se hacen de ti. Y, para bien o para mal, esa primera impresión puede condicionar la relación que acabes teniendo o no con esa persona.

LO QUE TRANSMITE TU FOTO DE PERFIL

Veamos cómo utilizar a nuestro favor los mensajes que enviamos a través de una fotografía nuestra. Todos ellos están, por supuesto, relacionados con la única vía de comunicación existente en este medio: el lenguaje no verbal.

La postura

Ten en cuenta algo que hemos comentado sobradamente a lo largo de este libro: una postura abierta y expansiva siempre comunicará una confianza y seguridad, mientras que adoptar una corporalidad cerrada logrará lo contrario. Intenta tener una postura erguida pero no rígida, que te permita ocupar tu espacio con naturalidad. En una foto de cuerpo entero, procura que tus piernas no aparezcan muy juntas. Separarlas ligeramente transmitirá siempre una mayor sensación de seguridad.

Recuerda también que cruzar los brazos no tiene por qué ser siempre una postura de bloqueo o rechazo. De hecho, en una de las fotos corporativas más estandarizadas la persona sale con los brazos cruzados y de perfil. Suelen aparecer algo ladeadas, lo que dota a la imagen de movimiento y dinamismo. Por último, puedes también tener en cuenta cómo la exposición de los pulgares suele asociarse a poder y control. Todo ello configura una imagen fresca y accesible, adecuada al entorno en que se utiliza.

Puedes colocar los brazos y las manos de diversas maneras, procurando, eso sí, no dejarlos inertes colgando a los lados, algo con lo que se da una sensación realmente negativa. Sin olvidar que, a menudo, las manos suelen atraer gran parte de las miradas; tenerlas delante o detrás no necesariamente debe significar siempre una mayor predisposición a actuar o no, o a ser más o menos accesible. Pasa lo mismo con utilizar la postura de brazos en jarra, a menudo relacionada con una postura defensiva y agresiva. La imagen que crees tendrá que ver sobre todo con tu expresión, como veremos.

> Ladear la cabeza en las fotos suele transmitir también una sensación de cercanía y proximidad.

La expresión

Esta debe ser acorde a lo que quieres transmitir. Las personas asociarán infinidad de rasgos tuyos y de tu personalidad a la expresión que vean en una foto tuya. A la vez, también vincularán tu estado de ánimo o momento vital puntual a la expresión que tengas. Si apareces en una foto sonriendo, pensarán que te lo estabas pasando bien. Si te ven serio o con una expresión neutra, concluirán lo contrario. Incluso que eres una persona muy seria. Esto ha influido en gran parte en que todos sonriamos en mayor o menor medida cuando nos toman una foto en un acto social o en cualquier evento, como ampliaremos más adelante.

Sin embargo, muchas personas tienen la creencia de que sonreír en las fotos hace que transmitan una imagen vulnerable, de poca fortaleza. Esto suele ser influencia de la cultura o de los valores o creencias que les han inculcado.

> Si sonríes en una foto, recuerda que hacerlo de manera demasiado impostada puede acabar reflejándose, sobre todo por la tensión de los labios y la expresión en general. Puedes forzar una carcajada justo cuando te hagas la foto, eso ayudará a que salgas con una expresión más natural y real.

La ropa

Como hemos comentado, la ropa es, junto con el rostro y nuestra forma de andar, lo que más contribuye a que las personas se forjen una imagen u otra de nosotros de manera más o menos consciente.

Por ejemplo, es probable que gran parte de la población se cree una mejor imagen mental de la persona de la izquierda, cuando en realidad son la misma persona:

Solemos hacer asociaciones inconscientes tomando como referencia la ropa. Una bata blanca suele ser sinónimo de sanación, confianza, higiene. Un traje, de cierto estatus social. Una ropa desaliñada, de persona o personalidad acorde. Por supuesto, no debemos caer en estas asociaciones fáciles, pero sí ser conscientes de que gran parte de la población las hace. Tenlo en cuenta si te importa la imagen que esas personas se harán de ti.

En cuanto a qué ropa es la mejor para hacerse una fotografía, no hay una respuesta única. Elige una que te represente, con la que te veas bien y que transmita algo que te acerque a la imagen que quieres que las personas se formen de ti. Que vaya de la mano del entorno en que publicarás esa foto.

El tono

Y, por último, lo más importante. El tono general de la fotografía. Debes procurar que este sea acorde al lugar donde vaya a aparecer esa fotografía. Lo peor que te puede pasar es que uses un tono inapropiado o incongruente con el lugar donde se publicará tu imagen. No es lo mismo una foto de perfil en una cuenta personal en una red social que la foto que pones en tu currículum. Antes de utilizar una fotografía que vaya a representarte piensa qué genera al verla y si va de la mano de lo que quieres transmitir y de dónde aparecerá. Debe ser congruente con lo que explicas de ti. Con tu manera de ser o de trabajar, con tu personalidad.

> Si dudas sobre cuál es tu mejor perfil, ten en cuenta que estadísticamente la gente prefiere el lado izquierdo de las personas, que está controlado por el hemisferio derecho del cerebro, con mayor peso en la gestión de las emociones. Si te encuentras con alguien que refleja una emoción en una mitad de la cara y una emoción diferente en la otra mitad, la más fiable es la izquierda, que quedará a tu derecha si tienes a la persona de frente. Es posible que en la mitad derecha de la cara se intente plasmar una emoción que no se corresponde con lo que siente, mientras que la parte izquierda reflejará la emoción auténtica de forma espontánea y difícil de controlar.

FOTOS GRUPALES

En las fotos grupales tendemos a pensar que las personas que ocupan el centro son las que están al mando o dominan sobre el resto.

Si hay dos filas de personas, el espacio de mayor importancia será el central de la primera fila. Esto puedes observarlo en las fotografías de la presentación de la nueva temporada de los equipos de fútbol, donde quien preside suele ponerse en el centro flanqueado por el cuerpo técnico y los capitanes del equipo.

Además, también solemos identificar como líderes o personas con personalidades más potentes a quienes ocupan posiciones más expansivas que el resto, sobre todo si los demás adoptan posturas cerradas.

De modo inconsciente también hacemos una lectura de la armonía existente o no en cuanto a posturas, corporalidades, etc. Nos fijamos en si son afines entre ellas, y suele llamarnos negativamente la atención cuando vemos una gran disparidad de orientaciones corporales. Pasa lo mismo cuando las personas de la foto aparecen lejanas entre ellas, como si quisieran conservar la distancia. Todo esto contribuye a que la imagen que nos construimos sobre la unión, el ambiente y la armonía entre las personas fotografiadas no sea precisamente la mejor.

FOTOS EN PAREJA

A menudo una foto de pareja ofrece pistas del estado en que se encuentra la relación. Que se junten al máximo o casi para hacerse la foto, que inconscientemente inclinen y orienten la cabeza hacia la del otro, son indicativos positivos. Se trata de una manera de plasmar en una fotografía el interés en esa relación, ya sea sentimental, de amistad, etc. Por supuesto, debes considerar si alguien posa siempre igual en las fotos, independientemente de con quién esté.

Es interesante ver si existe contacto físico validado por ambos: que se agarren por el hombro, la cintura, etc. O ver si les aflora una sonrisa real, que vaya más allá de una sonrisa de posado. Recuerda que hemos visto la diferencia entre ambas sonrisas en el primer

capítulo. Si adviertes una sonrisa tensa o excesivamente forzada, suele indicar que la pose tiene más de forzada que de auténtica y espontánea.

Y si estás presente en el momento de tomar la fotografía, es muy interesante fijarse en cómo abandonan la pose que han adoptado para hacerse una foto. Si la separación es lenta o intentan mantener la proximidad, suele ser un indicador positivo. Hacer lo contrario denota que la foto tuvo más de pose que de realidad: separarse rápidamente, no hacer contacto visual y borrar al instante cualquier sonrisa para la foto.

Cuando vamos a tomarnos una foto sentimos que todo el foco está en nosotros, que de algún modo somos el centro de atención. Cuando hemos terminado tendemos a pensar que volvemos a pasar inadvertidos. De manera inconsciente dibujamos una expresión auténtica y genuina de cómo nos sentimos en realidad, sobre todo si contrasta mucho con la cara de felicidad que seguramente habremos puesto en la foto. Puedes advertir este comportamiento en entrevistas a famosos, que cuando terminan y el presentador ya está despidiendo el programa a menudo piensan que se han invisibilizado, cuando en realidad los vemos en alguna parte del plano.

Fíjate también en cómo ocupan el espacio los protagonistas de la fotografía. Podemos adoptar una postura cerrada si al hacernos la foto experimentamos algún tipo de negatividad, pero también por una escasa afinidad con la persona con la que nos fotografían. Puede verse en las fotos de políticos o líderes mundiales, donde inconscientemente suelen adoptar posturas más abiertas o más cerradas según lo que sientan por la persona de al lado.

SONREÍR EN FOTOS Y RETRATOS A LO LARGO DE LA HISTORIA

No siempre hemos sonreído de manera casi automática como hacemos ahora cuando posamos para una foto. Es una costumbre relativamente nueva. A lo largo de la historia apenas existen retratos o pinturas de gente sonriendo. La risa plasmada en una imagen se solía asociar a la locura, y nadie elegía que lo retrataran así a voluntad. Además, para un retrato en que salió alguien sonriendo, como *La Gioconda* de Leonardo da Vinci, dio para siglos y siglos de teorías, estudios y fascinación, hasta nuestros días, en que su imagen sigue llamándonos la atención y utilizándose en un sinfín de escenarios, desde tazas de desayuno hasta portadas de excelentes libros sobre lenguaje no verbal.

Cuando llegaron las primeras cámaras de fotos, culturalmente aún se seguía haciendo esa asociación entre la sonrisa y la locura, así que a nadie se le ocurría sonreír en una foto para parecer un loco. Además, por aquel entonces tomarse una foto era un acto solemne, algo que muchos solo podían hacer una vez en la vida, y con suerte. Para nada iban a estropear el momento posando con una sonrisa.

Pero existía algo que complicaba todavía más el hecho de sonreír para una foto, si es que alguien se lo planteaba siquiera. Las primeras cámaras tenían una tecnología muy rudimentaria y a veces necesitaban hasta treinta minutos de exposición, lo que significaba que la persona retratada tenía que permanecer ese tiempo tan quieta como le fuera posible. Hacerlo con una sonrisa quedaba fuera de lugar, por eso la gente adoptaba una expresión facial neutra, que pudiera mantener durante tanto rato. Por eso da la impresión de que la gente de esas fotografías acababa de ver un fantasma.

Cuando a principios del siglo pasado Kodak simplificó y popularizó la fotografía, quiso que se asociara a momentos de celebración, a momentos felices en los que normalmente sonreímos. Poco a poco fue popularizándose la asociación fotografía-momento feliz-sonrisa.

Recuerda

1. En la comunicación telefónica perdemos el lenguaje no verbal, lo que implica deshacerse de todas las señales que las personas mandamos a nivel corporal en una comunicación. Es un caldo de cultivo para los malentendidos.
2. En una videoconferencia, procura utilizar las herramientas que hemos comentado para acercar la experiencia a la presencialidad.
3. Emplea de forma adecuada tu cámara, puedes variar enormemente el impacto que generas en la otra persona.
4. Cuida lo que se ve detrás de ti en una videoconferencia, ya que tiene un gran impacto en la impresión que tus interlocutores pueden hacerse de ti.
5. En una videoconferencia puedes verte a ti mismo: aprovéchalo. Se trata de una oportunidad excelente para observar tu lenguaje corporal y tomar notas de cómo mejorarlo.
6. En la mayoría de las redes sociales, un perfil sin foto te hará casi invisible a ojos de los demás usuarios. Elige una congruente con el mensaje que quieres transmitir.

7. Vigila si, al hacerte una foto, fuerzas una sonrisa; hace que se te vea tenso y rígido, poco natural. La gente puede deducir aspectos relacionados contigo y tu personalidad que es probable que no te beneficien.

8. En las fotos grupales la persona de más autoridad suele ocupar las posiciones centrales, así como un mayor espacio que las que la rodean.

9. La orientación de la cabeza hacia la de otros en una fotografía suele indicar qué relación tienen, o quieren tener, con los demás.

10. Nuestras posturas también hablan acerca del grado de afinidad con quien nos fotografiamos: abiertas cuando la relación es positiva o cerradas cuando es negativa o neutra.

8

El lenguaje de las emociones

El lenguaje más auténtico que existe es el de las emociones. Porque es inconsciente, incontrolable, auténtico y genuino. Porque siempre se refleja en nuestro cuerpo de una manera o de otra, a través de señales más o menos evidentes, más o menos perceptibles e identificables a simple vista. Por mucho que nos empeñemos en enmascarar, ocultar o disimular el impacto que cualquier emoción tiene en nuestro cuerpo, siempre habrá una pequeña pista o un pequeño indicio que nos delate.

El cuerpo dispara pequeños destellos que, por ejemplo, comunican cómo nos sentimos de verdad cuando alguien nos pregunta cómo estamos, por mucho que nuestras palabras intenten contar otra realidad. El cuerpo siempre ilustra cómo nos hace sentir aquello sobre lo que estamos hablando, lo queramos nosotros o no. Como cuando tu rostro esboza una microexpresión de alegría cuando te preguntan por alguien que te gusta, pero tú no quieres que nadie lo sepa. O cuando se te escapa una breve expresión de asco o desprecio cuando alguien te habla de algo o de alguien que te genera esas emociones.

En este capítulo describiremos las expresiones de las emociones para que puedas generarlas a tu favor cuando te dirijas a alguien. Porque la emoción puede ser lo que marque la diferencia en un discurso. A menos que vaya contra nuestros intereses, tendemos a sentir más empatía y a conectar con alguien cuando vemos y reconocemos una expresión en su rostro: empatizaremos más con alguien que nos cuenta algo de su pasado con un gesto evidente de tristeza en la cara que si lo hace con una expresión neutra.

Por todo ello es importante saber cómo gestionar de manera más o menos consciente las expresiones de las emociones en el rostro. Porque aprender a comunicar mejor las emociones te servirá también para reforzar los mensajes y, a la vez, para que te sea más fácil generar empatía en tus interlocutores. Tu comunicación mejorará, será más directa y, en consecuencia, tus mensajes sonarán más persuasivos y convincentes.

Ser capaz de identificar y descodificar las emociones de tus interlocutores también te será útil. Sabrás si la otra persona realmente siente lo que te está contando o no. Si exagera, imposta o finge una emoción. Imagina cómo mejorarían tus interacciones con los demás si fueras capaz de detectar todo esto a través de su lenguaje no verbal. De paso, lograrás unas lecturas mejores y más fiables del impacto de tus mensajes en ellos.

El envío y lectura de las emociones en el cuerpo tiene sobre todo dos funciones o ventajas. Por un lado, la adaptativa. Leer, por ejemplo, en la cara de tu pareja una expresión de ira nada más llegar a casa puede servirte para saber que tal vez no es un buen día para tratar un tema delicado. Y, por otro lado, la social: para reforzar mejor tus discursos, hacerlos más claros y permitirte socializar mejor con tus interlocutores. Para tener en cuenta cómo los otros descodifican las emociones que refleja nuestro cuerpo y el consecuente impacto que tiene en ellos.

Las emociones básicas

Las siete emociones básicas tienen expresiones genéticas, innatas e iguales en cualquier parte del mundo: la alegría, la sorpresa, el miedo, la tristeza, el asco, la ira y el desprecio. Diversos estudios han probado que las personas ciegas de nacimiento expresan igual que los videntes las emociones en el rostro, a pesar de no haberlas visto nunca en nadie.

Y tampoco hay ninguna diferencia entre unas gentes y otras, ni tienen ningún impacto los aspectos culturales. Sí influye cómo se gestiona después esa expresión, pero no la expresión genuina en sí. Por ejemplo, en las culturas orientales tienden a esbozar una sonrisa forzada para disimular cuando algo no les gusta, pero no serán capaces de controlar, por ejemplo, una breve mueca de asco o disgusto en el rostro.

LA ALEGRÍA

Como ya hemos visto en el primer capítulo, la alegría auténtica suele manifestarse con una sonrisa sincera, aparición de arrugas en los ojos, elevación de los pómulos y del labio superior, que a menudo deja ver más encía y dientes de lo normal.

Pero cuando una sonrisa es forzada o exagerada y no se corresponde con una emoción de alegría auténtica, no se generan las mismas arrugas de expresión en los ojos y los pómulos y el labio superior no se elevan tanto. Este último, además, presenta cierta tensión. Una sonrisa de este tipo también suele cortarse de golpe, no se desvanece de manera natural y progresiva como cuando es auténtica.

Además, la alegría tiene particularidades muy explosivas. Si la alegría ha ido precedida de un momento de incertidumbre o tensión, es posible que se refleje tanto en el cuerpo como en el rostro de forma algo exagerada, a modo de liberación. Sobre todo si esta alegría se comparte con otras personas cercanas. Piensa en cómo se celebran los goles en los estadios de fútbol o en los bares.

La alegría es contagiosa y constituye una de las emociones que más valoramos ver en los demás. Se nos hace más fácil conectar con alguien que se muestra alegre: nos reconforta y alegra ver una sonrisa. Acompaña tus discursos con una cuando la situación no pida lo contrario. Evita, eso sí, generar sonrisas demasiado forzadas o que sientas que no quieres mostrar: de una manera u otra eso se transmitirá en tu rostro, no precisamente a tu favor: tensión muscular, sensación de verte muy impostado, etc.

LA SORPRESA

En la sorpresa genuina hay una elevación de cejas, una apertura de la boca y de los ojos (a veces podemos incluso ver la parte blanca del ojo por encima o debajo del iris) y una caída del mentón. Cuanto más grande sea la sorpresa, mayores serán estos movimientos.

La expresión de la sorpresa auténtica y real es la que más rápido se desvanece de la cara. Enseguida da paso a la expresión de la emoción que nos genera la sorpresa. Por ejemplo, puedes sorprenderte cuando ves a alguien con quien hacía mucho que no coincidías, y la expresión de sorpresa de tu cara dará rápidamente paso a la expresión de alegría.

Si alguien mantiene la expresión de sorpresa más de un segundo y medio o dos, es por una de estas razones:

- Es fingida.
- Es real pero decide mantener la expresión conscientemente para evidenciar o exagerar aún más su sorpresa.
- Se trata de una sorpresa mayúscula que le toma su tiempo digerir, y para hacerlo no abandona la expresión o postura de sorpresa que ha adoptado.

A veces nos tapamos la boca cuando nos sorprendemos, y existen diversas teorías al respecto:

- Es un gesto aprendido, hemos visto a la gente hacerlo cuando se sorprende y lo imitamos.
- Culturalmente hemos aprendido que debemos taparnos la boca cuando la abrimos en público, ya sea para bostezar, cuando tenemos miedo o cuando nos sorprendemos.
- Es un mecanismo que utilizamos para autorregularnos y rebajar el impacto que la sorpresa genera en nosotros.
- Nos ayuda a esconder en parte nuestra expresión de sorpresa, y así evitamos alarmar a quien está a nuestro lado.

En ocasiones también nos llevamos las manos a la cabeza cuando experimentamos una sorpresa mayúscula. Es un gesto que asimismo podemos hacer ante un error, ya sea propio o de alguien, o cuando algo que nos atañe nos perjudica o nos beneficia.

En cuanto a cómo utilizar a tu favor esta expresión, te conviene saber que ver una cara sorprendida despierta curiosidad y atención. Mostrar cierta expresión de sorpresa podrá, pues, ayudarte a mejorar la conexión con tus interlocutores.

Una expresión de sorpresa muy característica consiste en elevar el labio inferior hacia arriba y sacarlo considerablemente hacia fuera.

Con este gesto, además de la sorpresa, expresamos que teníamos unas expectativas muy bajas de recibir una sorpresa positiva o evidenciamos el impacto positivo de la sorpresa en nosotros.

EL MIEDO

Representamos el miedo con una gran apertura de los ojos gracias sobre todo a la elevación del párpado superior. Es fácil que se nos vea la esclerótica del ojo (la parte blanca) tanto por encima como por debajo del iris. La boca se abre de manera considerable, con la consecuente caída de la mandíbula, y los labios se estiran horizontalmente y se ponen tensos y rígidos. Las cejas se levantan también como en la sorpresa, con la diferencia de que en el miedo se elevan sobre todo por el centro.

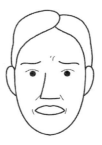

Algunas teorías especulan acerca de la razón por la que gritamos cuando experimentamos miedo o cuando nos asustamos. Consideran que se trata de un sistema ancestral tanto para alarmar a los nuestros y advertirlos del peligro como para tratar de ahuyentar lo que nos lo provoca.

A nivel corporal, el miedo nos lleva a adoptar una postura de cierre, de encogimiento y autoprotección: metemos la cabeza entre los hombros. Encogemos todo el cuerpo y nos protegemos las partes más vulnerables, como la cabeza, el cuello o el vientre con las manos o los brazos.

Si en algún momento sientes que estás transmitiendo la emoción del miedo a través del rostro o el cuerpo, y no quieres que sea algo evidente, intenta mantener una corporalidad abierta, serena y relajada. Concéntrate en controlar la respiración. Te ayudará a controlar o rebajar la tensión y, además, puede evitar que cuando hables tu voz suene aguda y entrecortada, y delate aún más tu miedo.

LA TRISTEZA

En la expresión de la tristeza, las cejas se arquean por el centro formando una «v» invertida, los labios se estiran de manera horizontal y bajan por los extremos y el inferior se levanta, sobresale ligeramente hacia delante. Además, los pómulos experimentan una elevación que al mismo tiempo eleva los ojos. También puede representarse en el cuerpo con posturas alicaídas, decaídas, que transmiten abatimiento.

La tristeza es una de las emociones que más tiempo aguantan su expresión en el rostro. Se trata también de una de las emociones más difíciles de esconder, disimular o enmascarar, debido al alto impacto emocional que suele tener en nuestro cuerpo. A su vez, es también de las más contagiosas.

A menudo, en situaciones de tristeza moderada suele manifestarse solo por la elevación de las cejas. Es habitual que alguien, más por formalidad que por interés, pregunte el típico «qué tal estás» a otra persona y esta responda con un breve y escueto «bien». Entre todos hemos más o menos normalizado que esta debe ser la respuesta, con independencia de cómo estemos en realidad. Pero si esa pregunta nos ha hecho conectar con la tristeza, es casi imposible que podamos controlarla o que logremos no hacer una breve elevación de cejas.

Detectar expresiones de tristeza en tus interlocutores, sobre todo cuando no las verbalizan, te ayudará a ser más empático, puesto que obtendrás información de cómo se sienten sin que tengan que decírtelo.

> Cuando experimentamos un sentimiento o pensamiento que nos hace conectar con algo negativo, como, por ejemplo, la tristeza, solemos agachar la cabeza y mirar hacia abajo.

EL ASCO

El asco se representa sobre todo subiendo el labio superior hacia la nariz (que parece como si se arrugara) y el ceño fruncido.

El origen de esta expresión es ancestral: se trataba de bloquear los orificios respiratorios, y con ello el olfato, cuando nos encontrábamos delante de una comida en mal estado que pudiera hacernos daño. En el presente ponemos la misma expresión ante más estímulos, no solo los alimentarios. Puede generarnos asco la mera presencia de una persona, así como cualquier cosa que veamos o escuchemos y que nos conecte con el asco. Es una de las expresiones más espontáneas, genuinas y difíciles de controlar. Piensa, si no, en una comida que te dé asco y verás que es casi imposible que la emoción no se manifieste en tu cara.

A su vez, el asco puede generar uno de los impactos más negativos en nuestro interlocutor, sobre todo si es hacia esa persona o hacia algo o alguien por lo que sienta estima. Intenta cortar o controlar, o como mínimo no exagerar, una expresión de asco que pueda acabar delatándote.

LA IRA

La ira se manifiesta en el rostro arrugando la frente y con las cejas en forma de uve. Los ojos experimentan tensión y se hacen más pequeños (nos ayuda a enfocar mejor y a identificar al causante o destinatario de nuestra ira). Las aletas de la nariz se dilatan para proporcionar una mayor entrada de aire y oxígeno al cuerpo, y para activarnos físicamente.

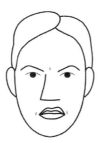

Tensamos o apretamos los labios y enseñamos los dientes, sobre todo los de abajo, si la ira que sentimos es grande. En ocasiones también podemos sacar brevemente la punta de la lengua un instante. Cuando experimentamos la ira mientras estamos escuchando algo, es probable que también hagamos un ajuste mandibular.

Existen también señales de la ira generadas en el cuerpo:

- Puede aparecer una elevación del mentón cuando, además de mostrar enfado, desafiamos o retamos a la otra persona.
- Podemos inclinar la cabeza hacia abajo frente a nuestro interlocutor, casi como si literalmente le fuéramos a embestir.
- Se nos agita la respiración. Puede verse que respiramos más profundamente y se nos hincha más el pecho que de costumbre. Esto también pueden generarlo la excitación o la atracción sexual, o los momentos de tensión.
- Al reprimir la ira podemos presentar gestos de cierre, a menudo con los puños.
- También impacta en la velocidad de acercamiento o establecimiento del contacto visual: si crees que alguien se ha enfadado contigo, observa si se acerca a ti a una velocidad considerable (o si hace lo propio buscándote con la mirada). Suelen ser indicativos de ira.

Todos estos gestos pueden manifestarse en el cuerpo de manera más o menos evidente y de forma proporcional a la ira sentida.

Algunas personas experimentan un impulso irrefrenable de romper o golpear cosas cuando se enfadan. Puede deberse a un fenómeno de transferencia: proyectas en ese objeto toda la violencia o frustración que tu yo más primario con gusto descargaría sobre el causante de tu ira. También puede responder a la sensación de control y poder que nota el cerebro. Al golpear, pasas a un papel activo en una situación que te desbordaba y sobrepasaba. Por último, te llevas un subidón de adrenalina gratis. Por supuesto, cuanto más irascible sea la persona y menos haya trabajado la gestión de la ira y el enfado, más posibilidades hay de que en situaciones de enfado necesite emplear la violencia contra objetos.

EL DESPRECIO

El desprecio se representa sobre todo por la elevación del labio superior por un solo lado. De manera genérica ningún otro gesto acompaña a este cuando experimentamos esta emoción. Sí que es cierto que suele llevar aparejada una mirada que complementa o aumenta la expresión. Una mirada desaprobatoria, de superioridad o de rechazo.

El desprecio es otra de las emociones que suele provocar un mayor enfado si quien lo ha causado lo reconoce. Esta emoción manifiesta la bajeza que sentimos por parte de quien nos la genera y nos coloca a una altura ética más elevada. Es la diferencia principal con el asco, con el que con frecuencia suele confundirse el desprecio.

En ocasiones hacemos un gesto parecido al del desprecio, una media sonrisa o estiramos solo un extremo de los labios hacia un lado. Por lo general, realizamos este gesto para rechazar lo que estamos viendo o escuchando cuando hacemos una valoración negativa de ello.

Cuando reproducimos para alguien el mensaje desagradable de un tercero, a menudo recurrimos a la imitación en tono burlón de esas mismas palabras, sobre todo si el emisor de esas palabras no nos gusta. Fíjate a partir de ahora y verás que habitualmente la expresión que acompaña a ese momento es la de desprecio. También puede ir de la mano del asco.

Otras emociones y sentimientos

Más allá de las emociones básicas, a continuación hablaremos de otras y de características relacionadas con situaciones que suelen manifestarse en nuestra expresión corporal y de las que no somos conscientes.

LA TIMIDEZ Y LA VERGÜENZA

La timidez y la vergüenza pueden manifestarse de varias maneras en nuestro cuerpo, pero todos los gestos tienen una misión principal: hacernos pasar lo más inadvertidos posible. Para ello limitamos el contacto visual, adoptamos posturas de cierre o reducimos el tamaño que ocupamos.

En lo que respecta a la expresión facial, en situaciones de vergüenza o timidez solemos agachar la cabeza y desviar la mirada hacia abajo. Lo hacemos, por ejemplo, al recibir un cumplido inesperado o cuando alguien nos dice algo que nos avergüenza. A menudo es la misma expresión que empleamos en los momentos de culpa. Por eso debes ser consciente de que, si agachas la cabeza como respuesta a una inculpación, la otra persona puede pensar que estás reconociendo la culpa por mucho que hayas agachado la cabeza por vergüenza.

Alguien que de forma habitual y genérica acostumbra a inclinar hacia abajo la cabeza suele tener una personalidad más bien tímida, prefiere no estar en primer plano y deja que otros asuman el protagonismo.

Durante los momentos de vergüenza también impostamos una sonrisa forzada, que evidentemente no es auténtica por el rictus de tensión que la acompaña. Lo hacemos para enmascarar la emoción que sentimos y porque sabemos que las personas, de manera general, siempre reciben positivamente una sonrisa. También para compensar el exceso de negatividad que estamos viviendo.

Entre todos hemos más o menos acordado que es negativo sentir y mostrar vergüenza por ejemplo al hablar en público o delante de una o más personas. Cuando nos pasa, nos ponemos todavía más nerviosos y avergonzados, y esa sensación negativa que sentimos se acrecienta. Si nos toca pasar por un momento así, lo mejor que puedes hacer es tratar de mantener la calma y respirar. Intenta adoptar posturas abiertas y expansivas que te ayudarán a contrarrestar el sentimiento y a la vez mejorarán la percepción que los demás tengan de ti.

Ponerse rojo

En relación con la timidez y la vergüenza, es normal que nos pongamos rojos en ciertas situaciones (lo cual contrasta con nuestra voluntad de pasar desapercibidos). En realidad, el cuerpo reacciona preparándonos para dar una respuesta física y genera adrenalina, que hace que se nos dilaten los vasos sanguíneos de la cara y aumenta el flujo de sangre. Esto genera el enrojecimiento y la calentura típicos de momentos vergonzosos o embarazosos. Puede acabar convirtiéndose en un problema si nos pasa a menudo, y puede derivar en problemas que afecten a la capacidad de relacionarse y a la imagen de quien lo sufre. Si ves a alguien ponerse rojo delante de ti, lo último que deberías hacer es reírte. Y, si te pasa a ti, no le des más importancia de la que tiene. No puedes evitarlo ni pararlo cuando el proceso ya ha empezado, pero sí que puedes relativizarlo y darle solo la importancia justa. Recuerda, eso sí, que deberías poner el foco en mejorar la relación que tienes con lo que te provoca esta reacción, ya sea trabajar tu autoestima, el contacto con las personas, la exposición en público, etc.

> Solemos asociar el hecho de ponernos rojos con situaciones de timidez o vergüenza, pero también pasa por excitación sexual, alegría o ira.

Acalorarse

Las situaciones embarazosas o comprometedoras suelen derivar en la activación de un estado de alarma en el cuerpo. Entre otras cosas, una de las consecuencias es que aumenta la temperatura corporal. Para contrarrestar ese aumento de la temperatura nos ponemos a sudar, y es fácil que cualquiera lo asocie a que algo nos altera. Además, cualquiera acompañará la reacción de otro gesto: las mujeres tienden a utilizar la mano a modo de abanico mientras que los hombres recurren al gesto de tirar del cuello de la camisa o camiseta para ventilar la zona del cuello, como hemos comentado. Sé consciente e intenta evitar estos gestos, ya que todo el mundo lo entenderá como que estás experimentando algún tipo de negatividad.

DEL ORGULLO A LA ARROGANCIA

Como hemos mencionado, solemos asociar una actitud corporal expansiva, que nos permita ocupar nuestro espacio con naturalidad, a confianza, a seguridad. Pero hay un gesto muy específico que hace que añadamos orgullo a la ecuación: una ligera elevación del mentón.

El problema es que la línea que separa el orgullo de la arrogancia, o de la soberbia, puede ser muy delgada. Y no siempre depende de uno: tomando como referencia el punto de vista de quien lo observe, puede parecerle una cosa u otra. Por lo general, diferenciamos el orgullo de la arrogancia cuando existe un escenario de confrontación o rivalidad, o cuando las miradas u otras expresiones adquieren un tono desafiante. Si, además, añadimos una expresión de ira (enseñando los dientes y frunciendo el entrecejo), tendremos el cóctel completo de la cara de desafío e incitación a la confrontación.

LA FRUSTRACIÓN

La frustración puede representarse con el lenguaje no verbal de varias maneras.

Podemos manifestarla en el ámbito corporal pasándonos la mano por el pelo, a menudo con los dedos bastante separados entre sí.

También nos frotamos los ojos cuando nos sentimos abrumados o sobrepasados y experimentamos frustración por ello. Al frotarnos los ojos logramos algo parecido a un efecto *reset*, que nos calma y reconforta para seguir lidiando con la situación.

También es típico pasarnos la mano por la cara, empezando justo donde acaba la nariz y yendo hacia abajo.

Sin abandonar esta zona de la cara, también es posible que alguien haga el gesto de labios sellados, que, como ya hemos visto, indica tensión, ira contenida o reprime lo que en realidad diríamos. También existe la opción de emitir algo parecido a un chasquido utilizando la lengua y el paladar, algo que con frecuencia genera en la cara una expresión de disgusto.

A veces la frustración puede ir acompañada de otras emociones que generan negatividad.

Ten en cuenta también el impacto de una expresión de frustración cuando eres tú quien la hace:

- En un escenario de confrontación, puede dar alas al rival que te vea haciéndola. Le hará sentirse más fuerte y más capaz de confrontarte y ganarte si es que hay algún tipo de competición en juego.
- Transmites la sensación de estar superado y no tener todo bajo control.
- Puede dañar la autoestima de alguien si generas esta expresión como respuesta a, por ejemplo, algún trabajo que te haya presentado.

EN UNA DISCUSIÓN ACALORADA

Ten en cuenta el «ruido» que hace tu cuerpo en un momento de discusión con otra persona alterada. Si te dejas llevar por la agitación del momento y conectas con una emoción que te genere un gran impacto negativo, todo ello se reflejará en tu cuerpo. Se te verá alterado, haciendo aspavientos o movimientos bruscos. Será una manera de echar leña al fuego y la confrontación, dialéctica o tal vez física, estará garantizada. Si, por el contrario, eres capaz de mantener la calma y adoptar una corporalidad serena y no alterada, contribuirás a dos cosas, ambas beneficiosas para ti: tener un mayor control sobre la situación y que la otra persona se aplaque al no encontrar respuesta directa a su agitación.

Desde fuera se te verá como la persona que sabe controlarse y mantener la calma. Y no se trata de hacerse pequeño o aguantar el chaparrón: puedes adoptar una postura rígida y hacerte fuerte en tu sitio. Por supuesto, y como siempre, habrá excepciones donde no puedas aplicar la racionalidad necesaria para hacerlo.

Microexpresiones

Las microexpresiones son flashes velocísimos en forma de expresión de una emoción que afloran en la cara y duran menos de un segundo. Pueden representar todos o algunos elementos de las expresiones que hemos comentado en este capítulo. Es una reacción automática, incontrolable e involuntaria, que representa la emoción real y auténtica que estamos experimentando. Dicho de otra manera, son las delatoras de tus verdaderas emociones, ya que es imposible controlarlas, y no les importa aparecer contra nuestra voluntad cuando no tenemos especial intención de revelar la emoción que estamos sintiendo o cuando, directamente, queremos ocultarla.

Es muy difícil identificarlas en la cara de alguien, porque a veces son tan rápidas o sutiles que no nos da tiempo a verlas. Sin embargo, debemos confiar en ellas para conocer la emoción real que está sintiendo la persona a la que vemos mostrar la microexpresión. Si esta es contraria a lo que dice con palabras, ignora estas últimas. No son ciertas, o no del todo. Por ejemplo, alguien puede contestarte que ya se encuentra bien y feliz después de una ruptura sentimental cuando le preguntas, pero si se le dibuja en el rostro automáticamente una microexpresión de tristeza al oír el nombre de su expareja es posible que la cosa no vaya tan bien como dice.

Recuerda

1. Todas las emociones tienen un impacto en el cuerpo, en mayor o menor medida. Son las más difíciles de disimular o enmascarar.
2. La alegría auténtica genera sonrisas auténticas.
3. La expresión de sorpresa es muy corta, enseguida da paso a la expresión de la emoción que la sorpresa nos ha generado. Si se alarga la expresión de sorpresa es porque es fingida o exagerada.
4. Cuando tenemos miedo solemos abrir los ojos y dejamos ver la esclerótica (la parte blanca del ojo).
5. En la expresión del asco el labio superior se eleva por los dos extremos.
6. En la del desprecio, solo por uno.
7. La ira es de las emociones que más se reflejan, tanto en el rostro como en el cuerpo.
8. La tristeza a veces puede reflejarse en la cara con una breve elevación de las cejas por la parte central.
9. Solemos agachar la cabeza y mirar hacia abajo en situaciones de timidez o vergüenza.
10. Elevar el mentón suele asociarse al hecho de sentir orgullo. Sin embargo, a veces puede ser sinónimo de soberbia o confrontación con otra persona en escenarios de discusión.
11. Solemos pasarnos la mano por la cabeza, con los dedos considerablemente separados entre sí, en momentos de frustración.
12. Nos pasamos la palma de la mano por la cara, hacia abajo y empezando donde termina la nariz, cuando hacemos una interpretación negativa de lo que estamos viviendo.

13. Un pinzamiento en la nariz o pasarnos el dedo por debajo de ella, cuando lo hacemos como reacción a algo que acaba de ocurrir, suele indicar negatividad.

14. Las microexpresiones son flashes de una duración limitadísima que delatan la emoción real que siente una persona.

9

El lenguaje de la seducción

Seducir es un comportamiento natural indispensable para la evolución, y todos tenemos nuestras herramientas. A menudo es inconsciente y ni siquiera nos damos cuenta de que estamos haciéndolo o de que somos objeto de cortejo. Pero cuando sentimos que estamos seduciendo o siendo seducidos, es probable que experimentemos una reacción positiva. Que nos guste, que nos sintamos vivos y deseados (siempre y cuando no existan condicionantes que lo impidan, claro). El cerebro y el cuerpo perciben una serie de reacciones que aumentan la sensación de bienestar y reducen los niveles de negatividad.

No existe una única manera de seducir, igual que no existe un solo tipo de personalidad, apariencia o comportamiento que guste a todo el mundo. Aspectos que alguien encuentra negativos pueden ser positivos para otros. Por ejemplo, alguien puede encontrar encantadora la timidez de una persona, mientras que eso mismo puede ahuyentar a otra. Es imprescindible ver las señales de respuesta que la otra persona nos da si estamos intentando seducirla. Interpretarlas es clave para avanzar o no en un proceso de seducción.

Seducir es un ritual y un conjunto de gestos y reacciones. Miradas, señales de interés o de atracción, cambios de orientación, acercamientos y alejamientos. De todo ello hablaremos a continuación.

No debes tomar ningún gesto o expresión de este capítulo como una señal inequívoca, como algo que te permita dar un paso más hacia alguien. Tómate toda esta información como indicios y pistas, y aplica el sentido común cuando estés intentando seducir a alguien o pienses que alguien está intentando seducirte a ti.

> No seducimos solo con ánimo sexual, también lo hacemos para tener mejores relaciones con las personas que nos rodean y obtener beneficios de esas relaciones. Por ejemplo, si haces por agradarle a alguien que tiene que proporcionarte un servicio, seguro que obtendrás un servicio mejor. Por supuesto, en estos casos el lenguaje de la seducción será de menor intensidad e intención.

El lenguaje del cuerpo en la seducción

Todo el cuerpo interviene de forma más o menos activa en un proceso de seducción. Fijarse en los detalles que una persona nos envía a través de sus gestos y movimientos puede proporcionarnos una información valiosísima sobre su interés. A la vez, conocerlos y utilizarlos de manera consciente puede hacer que nos desempeñemos mejor en el arte de la seducción.

MIRADAS

A la hora de comunicarnos con una persona, el momento en que se cruza la mirada es como el interruptor para encender la conversación, lo que da paso al resto de la interacción. Lo mismo pasa en un escenario de seducción. La mirada determinará qué pasará después y dará paso o no a que pueda generarse un escenario de seducción.

Un cruce de miradas fugaz y sin más parece indicar en la mayoría de los casos que no existe voluntad de acercamiento por, como mínimo, una de las partes. Pero si los ojos de ambas personas se detienen en los del otro por un instante lo bastante largo para llamarse la atención mutuamente, es probable que haya más posibilidades de que se sucedan nuevas miradas intencionadas que luego pueden dar paso a otras reacciones, como sonrisas o acercamientos.

Además, una mirada de coqueteo se diferencia de la mirada habitual de cortesía por su intensidad, por la intención que se le pone a la mirada. Se intuye que la persona está poniendo los cinco sentidos en esa mirada o, como mínimo, esa es la intención. Los párpados también suelen desempeñar un papel importante: una mirada con un único parpadeo algo más largo de lo normal justo antes de hacer contacto visual suele ser un indicativo de voluntad de seducción.

Es muy común también que, si a alguna de las partes implicadas le produce vergüenza una mirada de este estilo, concluya el contacto visual agachando la cabeza y mirando hacia abajo.

Como hemos visto en el primer capítulo, diversos estudios han probado que la pupila se nos dilata cuando vemos algo que nos gusta, nos atrae o nos llama la atención. Esto, por supuesto, también se produce en un escenario de seducción.

La dirección de la mirada

Existe una mirada característica del deseo o la atracción evidente. Es la mirada fugaz (o no) de arriba abajo que se le hace a la otra persona para, por lo general, retomar el contacto visual con ella. Este es un gesto más evidente en los hombres, puesto que en las mujeres suele ser más sutil.

Curiosamente, también usamos este gesto cuando vemos en la otra persona a un posible rival; al mirarla así podemos evaluar nuestras posibilidades de éxito en una hipotética pelea de fuerza, belleza, imagen, etc.; en este caso esta mirada irá acompañada de un gesto de enfado, desprecio, disgusto...

Lo que no podemos ver

Es muy normal que nos llame más la atención y nos genere más deseo lo que no se ve o apenas puede entreverse frente a lo explícito. Esto se debe a que el cerebro tiende a autocompletar de la mejor forma que sabe lo que no se ve de un conjunto del que solo puede ver parte, creando una imagen mental a menudo muy poderosa y atrayente.

Un muy buen ejemplo se produce con las mascarillas que todos llevamos durante la pandemia del coronavirus. En más de una ocasión seguramente te sorprendió de manera negativa ver a alguien sin mascarilla por primera vez o ver a alguien sin mascarilla después de verlo mucho tiempo con ella puesta.

El cerebro imagina siempre las partes incompletas de un rompecabezas (en este caso, la parte que no se ve de la cara) del mejor modo posible. Y, además, puede estar influido positivamente si las partes que se ven (los ojos, el pelo) son bonitos. O si la persona te cae muy bien y le tienes aprecio. Entonces, imaginarás una dentadura blanca y perfecta. Unos labios carnosos. Una mandíbula bonita y definida.

Por ello nos llama tanto la atención lo que solo podemos intuir. Aunque la realidad, claro, no siempre es como la imaginamos.

LA BOCA

La boca desempeña un papel importantísimo en la seducción. Suele entenderse como símbolo de deseo y placer, y existen varios gestos relacionados con el arte de seducir, ya sea conscientemente o no.

Una simple mirada fugaz a los labios de la otra persona ya suele ser una señal de estar seducido o de querer seducirla. También suele ser una señal inequívoca de deseo que alguien se muerda el labio inferior al estar con una persona por la que siente atracción o al verla. Acaba siendo un gesto de atracción en sí mismo para la otra persona, que percibe el deseo. Esto se aplica cuando la persona se muerde el labio de manera delicada y más o menos suave. Hacerlo nerviosa o exageradamente, empleando bastante fuerza, suele significar enojo o exasperación, algo bastante distinto. Por último, es un gesto que si hacemos cuando estamos solos suele representar enfado o nervios.

Otro gesto de seducción es relamerse los labios. Lo hacemos de forma inconsciente cuando estamos delante de algo que nos gusta. Además, logramos que los labios se vean más brillantes y vistosos, y llamamos más la atención hacia ellos. Un gesto inequívoco de deseo de besar a alguien es entreabrir ligeramente la boca, sobre todo cuando a la vez la mirada está fija en los labios de la otra persona.

Considera la sonrisa como un posible gesto de seducción. Trata de advertir si la que te dedica la otra persona es auténtica o falsa, como hemos hablado en el capítulo uno. Una sonrisa que refleja una emoción auténtica de alegría o felicidad puede generarse porque nos atrae la persona a la que estamos viendo o, como mínimo, nos sentimos a gusto con ella. Si la otra persona no va más allá de una sonrisa falsa, exagerada o de cortesía, es probable que no hayamos activado ningún mecanismo de atracción en ella.

Los besos

Además de para hablar y succionar, algunas teorías evolutivas sostienen que tenemos labios para que nos ayuden a seleccionar pareja y, en último término, perpetuar la especie. Besar es atrayente y adictivo debido, en parte, al gran número de terminaciones nerviosas que concentran los labios, así como a las reacciones que experimentamos gracias a la proliferación de agentes como la dopamina, la serotonina y las endorfinas, entre otros. Además, tal como concluyó el psicólogo americano Gordon Gallup, un beso es un intercambio de información continuo entre quienes se besan: olfativa, táctil, relativa al gusto, a los acoples corporales, etc. Pueden activarse mecanismos inconscientes que actúan para evaluar nuestra compatibilidad genética o viabilidad reproductiva con la otra persona (si procede).

Gordon Gallup hizo un estudio llamado *La psicobiología del beso*, junto a Susan Hughes y Marissa Harrison. En él estipularon que un primer beso puede romper el vínculo de deseo con la otra persona si este no es satisfactorio. De hecho, constataron que un 59 por ciento de los hombres y un 66 de las mujeres perdieron el interés o el deseo por alguien después de un primer beso insatisfactorio. También advirtieron que las mujeres, de manera general, suelen dar más importancia a los besos que los hombres. Para ellas los besos pueden indicar el estado de la relación, el vínculo y el compromiso con sus parejas, mientras que muchos hombres a menudo entienden los besos básicamente como la antesala del sexo.

Solemos cerrar los ojos al besar para eliminar la tarea constante de procesamiento de imágenes que lleva a cabo el cerebro. Esto nos permite concentrarnos mejor en otros sentidos, como el del tacto al dar un beso. Por eso gran parte de las personas prefieren besar a alguien con los ojos cerrados, ya que en caso de no hacerlo podemos pensar que la otra persona no está del todo involucrada en ese beso o no lo está haciendo de la manera que todos tenemos normalizados los besos.

LAS MANOS

Como hemos comentado, las manos se llevan buena parte de la atención en el acto comunicativo. Principalmente por cómo las usamos para gesticular, pero también por la imagen que transmiten de nosotros y las lecturas que la otra persona puede hacer al observarlas.

Una buena gestualidad puede transmitir confianza y seguridad en un escenario de seducción, pero también pueden presentarse torpes o nerviosas y conseguir lo contrario. En cualquier caso, procura que estén siempre a la vista.

Además, puedes fijarte en las manos de la otra persona. Existe un fenómeno de transferencia que suele darse en escenarios de coqueteo. Cuando una persona acaricia el contorno de un objeto con los dedos (una copa, por ejemplo) puede indicar que en el fondo desearía hacer eso mismo con la otra persona. A menudo este gesto se hace de forma pretendidamente sensual y con detenimiento.

Otro gesto relacionado con las manos y que hacen sobre todo las mujeres es mostrar, revelar la cara interna de las muñecas a la persona que las atrae.

EL CUELLO

Es una de nuestras partes más vulnerables y delicadas, y debe existir mucha confianza (o atracción) para que nos sintamos cómodos al contacto físico de otra persona. Sobre todo las mujeres suelen atraer la atención a esta zona del cuerpo cuando intentan seducir a alguien. Pueden ladear la cabeza para evidenciar la presencia del cuello o llevarse la mano a la zona del esternón para atraer la atención de su interlocutor.

EL PELO

Siempre ha tenido un alto componente de atracción y a menudo cobra un protagonismo muy marcado. No en vano, en más de una cultura su simple exposición está prohibida por las connotaciones sexuales que se entiende que tiene.

Sobre todo las mujeres lo suelen emplear en numerosas ocasiones para atraer o gustar a la otra persona. Este comportamiento también se ha advertido en hombres, pero en menor medida. Los movimientos de seducción suelen ser recolocarlo, apartar el pelo del flequillo o situarlo detrás de la oreja, así como jugar con él.

Esto debe tenerse en cuenta solo cuando el contexto y otros gestos o evidencias indican que nos encontramos en un escenario de seducción. Existen otras muchas causas por las que alguien puede tocarse el pelo: por costumbre, para concentrarse o por entretenimiento. Sea como sea, hay personas que suelen relacionar con el acto de la seducción cualquier acción que otra persona haga con el pelo.

Uno de los motivos que nos llevan a esta relación es que cuando queremos gustar a alguien lo primero que comprobamos es el pelo, y nos lo atusamos, aunque esté bien, casi a modo de autoafirmación. Esta asociación puede condicionar la percepción que tenemos de alguien cuando se arregla el pelo delante de nosotros.

Las neuronas espejo en la seducción

Las neuronas espejo también pueden desempeñar un gran papel en un escenario de seducción. Se activan para que, de forma inconsciente, copiemos o imitemos gestos, expresiones, movimientos e incluso la manera de hablar de aquellos con los que nos identificamos y experimentamos un mínimo de convivencia positiva. Es un mal indicativo cuando hay cero armonía entre los gestos de dos personas, es decir, cuando en ningún momento aparecen en escena las neuronas espejo.

Llevado al terreno de la seducción, puedes utilizar esta información con un doble sentido. Por un lado, puedes leer si la otra persona te hace de espejo, si imita alguno o varios de tus gestos. Esto indicará que se encuentra a gusto contigo y sus neuronas espejo te han elegido para llevar a cabo su acción. Lo contrario, es decir, una corporalidad completamente opuesta a la tuya o no replicar ninguna de tus acciones, seguramente pueda deberse a que la persona no siente ningún tipo de conexión contigo.

Y por otro lado podemos «forzar» o hacer conscientemente la tarea que llevarían a cabo nuestras neuronas espejo, si es que no lo están haciendo. Imitar algún que otro comportamiento de tu interlocutor, mejor de forma sutil y no demasiado evidente, puede despertar en la otra persona una sensación inconsciente de conexión contigo. De todos modos, ten en cuenta que lo mejor es que este comportamiento se dé de manera natural y espontánea.

Acercamiento y contacto

Cómo las personas se organizan, se sitúan y reparten el espacio es todo un sistema de comunicación en sí mismo, ya lo hemos visto. Lo hacemos para comunicar estados de ánimo. Para transmitir jerarquías. Para dejar claras preferencias por unas personas o por otras. Y, como no podía ser de otra manera, también hacemos uso de ello en momentos de seducción.

Al final, seducir consiste también en acercarse, y por la reacción de una persona a un acercamiento se pueden sacar muchas lecturas. Recuerda que todos tenemos lo que consideramos distancia íntima, que va de cero a unos cuarenta o cincuenta centímetros. A esta distancia solo dejamos aproximarse a parejas, amigos o familiares muy cercanos. Pero también a alguien por quien nos sentimos atraídos. Y a menudo se nos escapan gestos inconscientes de acercamiento: por ejemplo, incorporarnos hacia delante en la silla si la persona está sentada o dar uno o dos pasos cortos hacia delante si está de pie. Si la otra persona valida tu acercamiento a esta distancia, será una buena señal. Asegúrate pues de ver estas señales que validan tu acercamiento. Si no eres bienvenido lo advertirás fácilmente: la otra persona mostrará incomodidad o rechazo en forma de alejamiento, posturas de bloqueo o gestos contrariados, con independencia de si verbaliza o no el rechazo a este acercamiento.

Otro modo de reducir la distancia con alguien, y sin movernos del sitio, es apartar objetos que puedan interponerse entre nosotros. Por ejemplo, es un signo excelente si estás sentado con alguien en una mesa y aparta un objeto interpuesto para tener una comunicación más fluida.

Fíjate también en cómo ocupa su espacio una persona cuando está contigo. Cuando nos sentimos a gusto, tendemos a ocupar con naturalidad el espacio que nos rodea. Inconscientemente lo hacemos de manera más expansiva, justo al contrario de cuando estamos a disgusto o no del todo bien: nos encogemos, nos hacemos pequeños y ocupamos menos espacio. Además, un comportamiento muy habitual en un hombre cuando está seduciendo es el de hacerse él mismo más grande, ocupar más espacio. Lo logra adoptando posturas más erguidas, sacando más pecho y, a menudo, también elevando el mentón.

También debemos considerar la orientación, ya lo hemos mencionado. Si por lo general tendemos a orientar de forma inconsciente el cuerpo hacia personas que generan un impacto positivo en nosotros, a la hora de hacerlo por alguien que nos atrae es más evidente todavía. Dos personas orientadas la una hacia la otra transmiten una mayor sintonía entre ellas que si cada una se orienta hacia un lado. Y no olvides que la parte del cuerpo que más se deja llevar por esta necesidad espontánea de orientación son los pies, por aquello de que pasan inadvertidos y no nos molestamos tanto en controlar o disimular sus movimientos.

Cuando todas las señales apuntan a que un acercamiento nuestro es bien recibido o existe voluntad por la otra parte de llevarlo a cabo, suelen existir mayores posibilidades de que el contacto físico sea exitoso, aunque no hay garantía plena.

La respuesta a ese contacto será un indicativo genial del punto en que se encuentra la relación con la otra persona. Y es que la gestión del contacto es todo un medio de comunicación. Validar y efectuar contacto físico crea o refuerza el vínculo entre las personas. Rechazarlo es una de las formas más auténticas, espontáneas e incontrolables de comunicar disconformidad con ese tipo de relación o acercamiento.

> Recuerda que el contacto con una persona con la que no tienes mucha confianza solo está más o menos aceptado en las manos, los brazos o los hombros.

El momento de la despedida

Como ya hemos comentado, la imagen o recuerdo que tenemos de alguien suelen estar muy condicionados por el final que tuvo el contacto; de manera inconsciente le damos una mayor importancia que al resto de la interacción (a menos, por supuesto, que algo haya generado un gran impacto en nosotros). Todo ello contribuye a que la despedida pueda tener una importancia mayor que el saludo.

Existen acciones, como dilatar la despedida o mantener contacto físico (agarrando, por ejemplo, las manos de la otra persona) para «impedir» que nuestro interlocutor se marche. Darse la vuelta para ver de nuevo a la persona de la que ya nos hemos despedido mientras nos alejamos es otro indicativo claro de vínculo positivo con ella.

Y recuerda que solemos dejar para el final la despedida de la persona que más nos gusta, atrae o mejor nos cae en un grupo.

Cuando no le interesas

La corporalidad de una persona en relación con otra cuando no está interesada suele dar muchas pistas. Incluso cuando existe intención de disimular ese nulo interés o atracción, hay gestos de su cuerpo que lo delatan. Pueden ser más o menos evidentes, pero casi siempre se encuentran entre estos:

- Evitar el contacto visual o desviar de forma recurrente la mirada hacia otras direcciones.
- Sonrisas forzadas, de compromiso, con frecuencia acompañadas de una ligera elevación de las cejas.
- Ningún esfuerzo por acercarse u orientarse hacia la otra persona. Postura rígida e incomodidad a simple vista.
- Uso de barreras, como pueden ser cruces de brazos o piernas u objetos físicos.
- Distracción con cualquier cosa. Mirarse las uñas, consultar el móvil, fijarse en la decoración, el paisaje, la gente de alrededor...
- Empezar a mirar constantemente la hora en el reloj o en el móvil.
- Un exceso de movimiento repentino, propio de tener voluntad de abandonar el lugar en que se está.
- Mucha rigidez o tensión corporal, poco movimiento general.
- Hacer movimientos repetitivos todo el tiempo, como jugar con un anillo, tamborilear con los dedos, rascarse la manga de la chaqueta, etc.

La imagen que te construyes de alguien que te atrae puede estar influida por el «efecto halo». Es un sesgo cognitivo que nos lleva a atribuir ciertos rasgos o habilidades a una persona a partir de una cualidad que vemos en ella. Por ejemplo, podemos pensar que una persona muy atractiva también será buena persona. Un ejemplo de este fenómeno lo vimos en 2021 cuando condenaron a Cameron Herrin a veinticuatro años de cárcel por hacer una carrera de coches ilegal que acabó con la vida de una madre y una hija. A lo largo y ancho del mundo se organizaron campañas y mensajes de apoyo al chico para pedir su exculpación, y todo por su atractivo. El efecto halo puede funcionar también a la inversa: atribuir a alguien una serie de factores negativos a partir de una cualidad negativa.

Recuerda

1. Nos pasamos la vida seduciendo. Nos gusta hacerlo y a menudo es inconsciente, ni siquiera nos damos cuenta.
2. Una mirada es siempre el punto de inicio de un proceso de seducción.
3. Cuando nos concentramos en la mirada de otra persona experimentamos una conexión con ella y un aislamiento del mundo exterior que raramente podemos obtener de otra manera.
4. Morderse con suavidad el labio inferior o relamerse y humedecer ambos suele ser un indicador de que nos gusta lo que estamos viendo.
5. A través de gestos con las manos, como acariciar un objeto, solemos transmitir que haríamos con nuestro acompañante lo que estamos haciendo con el objeto.
6. Exponer el cuello o llevar la atención de las miradas a él suele ser un signo de coqueteo. Es más frecuente en las mujeres.

7. Los hombres tienden a intentar aumentar visualmente su tamaño cuando están seduciendo.

8. Si una persona imita de forma inconsciente nuestros gestos o posturas, suele tratarse de un indicativo positivo de que se siente bien con nosotros.

9. Ser bienvenido en el espacio íntimo de alguien, que va de los cero a los cuarenta o cincuenta centímetros, suele indicar que nuestra relación con esa persona es muy cercana.

10. La manera de reaccionar a un acercamiento o a un contacto es uno de los indicativos más fiables para conocer el estado en que se encuentra la relación entre las personas.

11. Si la persona a la que estás seduciendo empieza a distraerse con objetos o con su propio cuerpo, o a poner la atención en elementos ajenos a ti, es señal de que no le interesas demasiado.

10

Leer el lenguaje no verbal

A estas alturas ya debes poder hacerte una idea del sinfín de elementos que influyen a la hora de analizar el lenguaje no verbal. Es posible que te abrume pensar en todos ellos a la hora de analizar el lenguaje no verbal; no se logra de un día para otro, requiere mucho tiempo de práctica.

Las cinco claves

Estas cinco claves te ayudarán; lograrás hacer mejores análisis y no sacarás lecturas precipitadas o erróneas en la medida de lo posible. Recuerda tener mucha paciencia y no dejar nunca de aprender.

La importancia del contexto

Todo el lenguaje corporal de una persona tiene que ponerse en contexto a la hora de interpretarlo.

No podemos basarnos en un gesto aislado que hayamos visto fugazmente en alguien. Podemos tenerlo en cuenta como un indicio o una pista, pero no tomar nuestra interpretación como una verdad absoluta. Se trata de que podamos diferenciar lo que nos transmite una persona y las causas o razones verdaderas que la llevan a hacerlo. Existen, además, gestos que pueden tener más de un significado. Como ya hemos visto, podemos disminuir el parpadeo cuando mentimos, pero también cuando intentamos concentrarnos mucho en algo. Y también existen gestos que cada uno hacemos por una causa. Incluso la misma persona puede hacerlo por ambas causas según la ocasión. Por todo ello, debes tener en cuenta todos los escenarios antes de sacar una conclusión precipitada.

La mejor manera de interpretar el lenguaje no verbal de alguien es mirar y revisar sus movimientos tantas veces como necesites, por ejemplo, si los tienes grabados en vídeo. Como esto no es siempre posible, tenemos que ser muy cautelosos al analizar la expresión corporal sobre la marcha.

Se trata de conocer tanta información como podamos sobre la persona y lo que le sucede, con la finalidad de tener todas las herramientas de juicio posibles para entender mejor su lenguaje no verbal.

LA *BASELINE* O LÍNEA DE COMPORTAMIENTO HABITUAL

La *baseline* es, como recordarás, el comportamiento habitual de una persona en lo que respecta a la expresión corporal. Cuánto se mueve, qué tipo de movimientos y gestos suele hacer cuando no está teniendo ningún tipo de interacción remarcable con nada o con nadie. Estos datos te serán de gran utilidad a la hora de leer el lenguaje corporal cuando interactúes con alguien.

Por ejemplo, podrías pensar que la persona está incómoda contigo porque no para de revolverse inquieta en la silla al poco rato de estar contigo. Pero si conoces a esa persona y sabes que ese es su comportamiento habitual o su *baseline*, con independencia de lo que esté haciendo o con quién, sabrás que su expresión corporal casi siempre es esa. Que se trata de una persona muy nerviosa, no es que esté disgustada por estar contigo.

Si alguien tiene la manía de rascarse con frecuencia alguna parte del cuerpo, por la razón que sea, no habría que tener en cuenta ese gesto para analizar su lenguaje corporal cuando hablemos o interactuemos.

En la *baseline* pueden influir también aspectos físicos. Si alguien tiene dolor de espalda constante y la única manera en que se encuentra cómodo sentado en la silla es con todo el cuerpo echado hacia atrás, no tendría demasiado sentido que nos tomáramos a mal que esa persona no hiciera por incorporarse o echarse hacia delante cuando le mostramos algo con interés.

Deberás tener presente cuál es su comportamiento habitual para no hacer ninguna mala interpretación a raíz de un gesto o expresión suyos.

Los condicionantes

Considera siempre los condicionantes que influyen en el lenguaje no verbal de las personas.

Estado anímico. Si es posible, debes valorar el momento vital en que se encuentra una persona para valorar lo afectado que puede estar su lenguaje corporal. Por ejemplo, es muy probable que alguien que lleve varios días durmiendo mal presente una gestualidad y expresión corporal más reducida y lenta que en otras ocasiones, sin que ello signifique necesariamente que tenga un menor interés por lo que le rodea.

Personalidad. Ten en cuenta también la personalidad y las habilidades sociales de las personas. Personalidades más abiertas y sociales suelen tener una actitud corporal y una gesticulación más fluida y abierta en comparación con otras más tímidas o reservadas, sin que ello sea necesariamente una reacción a la situación que están viviendo. Por otro lado, quienes se dediquen a la oratoria, a la abogacía, al mundo de la actuación o de la política, por ejemplo, te lo pondrán más difícil para descifrar las verdaderas intenciones que puede comunicar su lenguaje corporal.

Contexto. También influye el escenario. Los nervios al hablar en público o ante un tribunal pueden producir una gestualidad que en ocasiones puede generar interpretaciones negativas o erróneas, desde que la persona está mintiendo hasta que no domina el tema del que está hablando, sin que ello tenga que ser cierto.

Factores ambientales. Un frío más pronunciado de lo normal acostumbra a generar en quien lo sufre posturas de cierre para protegerse. En ese caso, no debes asociar esta gestualidad a ningún rechazo o bloqueo por lo que la persona está viendo o escuchando.

Factores físicos/fisiológicos. Es posible que una persona con problemas dermatológicos se rasque más que alguien que no los sufre; sería un error por nuestra parte empezar a ver más micropicores de la cuenta en esa persona.

Tu percepción. Y, por último, estás tú. Tu implicación con la otra persona o con lo que pueda decir o hacer. A menudo deseas que una persona diga o haga algo que coincida con tu voluntad y en ocasiones tal vez intentes convencerte de que el lenguaje no verbal de quien te está hablando sí que está diciendo lo que tú quieres escuchar, por mucho que sus palabras vayan en sentido contrario. Además, si por ejemplo estás sometido a un alto impacto emocional, es muy probable que tus mecanismos cerebrales más racionales estén minimizados o directamente apagados, y en esas condiciones es bastante difícil leer el lenguaje corporal de nuestro interlocutor.

Factores culturales

Mención aparte merece el impacto de la cultura. Existen gestos y corporalidades universales con independencia de la parte del mundo en la que nazcamos. Por ejemplo, ya hemos comentado que en todas las partes del planeta se expresan del mismo modo las emociones básicas (alegría, ira, sorpresa, desprecio, asco, tristeza y miedo). Pero existen gestos que sí están condicionados por la cultura de quien los muestra, y no tener en cuenta este factor podría llevarnos a interpretaciones erróneas. La cultura condiciona desde pequeños gestos a corporalidades enteras, desde la gestión de la distancia hasta el uso o no del contacto físico de unas personas con otras.

Por ejemplo, en casi todo del mundo negamos con la cabeza ladeándola de lado a lado y asentimos moviéndola de arriba abajo, pero en algunos lugares —Bulgaria, por ejemplo— lo hacen exactamente al revés: niegan como nosotros afirmamos y afirman como nosotros negamos. Intenta hacerlo y verás que no es fácil. No hay una teoría clara y consensuada que explique por qué ellos lo hacen al contrario que el resto del mundo. Este hecho choca con las teorías que dicen que el origen de negar con la cabeza viene de la época de la lactancia, cuando para rechazar la ingesta de más leche del pecho los bebés mueven la cabeza de lado a lado.

Por otro lado, el típico gesto de stop que hacemos mostrando toda la palma, normalmente con los dedos separados, es toda una ofensa en Grecia. Este gesto se conoce como *moutz* y tiene su origen en una antigua tradición que consistía en arrojar cenizas o excrementos a otra persona.

El gesto de ok, estandarizado en muchas partes del mundo y que consiste en unir los dedos índice y pulgar, en algunos lugares del mundo significa «dinero», mientras que en otros se emplea como insulto, a menudo con tintes homofóbicos. El otro gesto de ok más popular en las culturas occidentales, consistente en mostrar el pulgar hacia arriba, también es un insulto en diversas partes del mundo no occidental.

Hacer el número dos con los dedos índice y anular de una mano, pero mostrando a la otra persona el reverso de la mano en lugar de la palma, es un insulto en muchos países anglosajones. Se dice que el gesto se originó como una burla de los soldados arqueros ingleses a los soldados franceses durante la guerra de los Cien Años. Temerosos de la potencia de los arqueros ingleses y el daño que infligían a las tropas francesas, cada vez que a un arquero inglés lo capturaban los franceses, le cortaban los dedos índice y anular, para que no pudieran tensar el arco y disparar. Los soldados ingleses empezaron a mofarse de los franceses enseñándoles ambos dedos, y el gesto con el tiempo acabó considerándose como una ofensa o insulto a la otra persona.

Para terminar, en algunas culturas como la india está muy mal visto señalar con el dedo índice. En su lugar, señalan a donde quieren apuntando con la barbilla. Y en algunas culturas del sudeste asiático se considera todo un sacrilegio tocar la cabeza de cualquiera, niños incluidos y por la razón que sea.

ESCUCHA Y MIRA MEJOR

Si quieres empezar a interpretar correctamente el lenguaje no verbal, tendrás que ser mejor observador, dejar que los demás hablen. También puedes fijarte en ellos cuando estás hablando tú, pero casi siempre obtendrás más pistas sobre sus pensamientos, emociones o sentimientos auténticos si te fijas en qué hace su cuerpo mientras ellos hablan. Y para ello, preparar el clima idóneo para que la otra persona se sienta cómoda y relajada al hablar contigo te ayudará. Haz que perciba que la escuchas, que te interesa y tiene toda tu atención. En este empeño te ayudará tu propio lenguaje no verbal.

- Ten posturas abiertas y orientadas hacia la otra persona. Aparta, sea estrictamente necesario o no, objetos que se interpongan entre tú y tu interlocutor. Evita posturas de cierre, como pasar demasiado tiempo con los brazos cruzados. Limita el movimiento para evitar transmitir nerviosismo, incomodidad, etc.
- Juega con la distancia. Si, por ejemplo, estáis sentados, incorpórate en la silla para acercarte a tu interlocutor y así mostrar un mayor interés por lo que dice.
- No te despistes ni entretengas con cualquier objeto que tengas al alcance, como un teléfono móvil o un bolígrafo.
- Mantén un contacto visual fluido y constante.
- Asiente de vez en cuando con la cabeza, pero procura no hacerlo en exceso. Asentir tres o cuatro veces seguidas es una manera de decirle a tu interlocutor que ya has escuchado suficiente, que no necesitas más información.
- Ten una expresión congruente con lo que estás escuchando.
- Evita hacer gestos repetitivos, como morderte las uñas, tamborilear con los dedos o apretar constantemente el botón de un bolígrafo.

HUYE DE LOS FALSOS MITOS

Con el tiempo se han incorporado al imaginario popular una serie de mitos y leyendas sobre el lenguaje no verbal que han erosionado la imagen que de su estudio, interpretación y práctica se pueda tener.

Porque sería fascinante saber siempre cuándo alguien nos miente. O cuándo una persona siente lo contrario de lo que dice. O cuándo alguien está confundido. Pero no hay nada (o casi nada) en el lenguaje no verbal que sea dogma o verdad inquebrantable. Siempre debemos tener en cuenta una serie de condicionantes que no nos permiten afirmar categóricamente que tal gesto significa siempre tal cosa, como hemos visto a lo largo y ancho de este libro. Todo debe ponerse en contexto, dentro de un marco, y no hay que sacar conclusiones por un único gesto.

Huye de ellos, y sobre todo no los uses nunca para sacar conclusiones.

ALGUNOS DE LOS MITOS MÁS EXTENDIDOS

- Puedes saber al cien por cien qué piensa y siente una persona si sabes interpretar su lenguaje corporal.
- Puedes llegar a controlar todo tu lenguaje no verbal.
- Si alguien se toca la nariz cuando está hablando es porque miente.
- Si una persona mira arriba a la derecha cuando está hablando, también está mintiendo.
- Si alguien se rasca es porque está confundido. O porque está mintiendo.
- Todo el mundo hace los mismos gestos o expresiones por las mismas razones.

- Cruzarse de brazos o piernas es siempre una señal de bloqueo o rechazo.
- Si una persona se toca el pelo cuando habla contigo es porque la estás seduciendo.
- El lenguaje corporal de un líder debe ser autoritario y rígido.
- Hay un porcentaje exacto que corresponde al tanto por ciento del impacto del lenguaje no verbal en la comunicación.

Epílogo

Mamihlapinatapai

Mamihlapinatapai es como los nativos yaganes de Tierra del Fuego se referían a la mirada entre dos personas que se mueren de ganas de que pase algo entre ellas pero, sin embargo, ninguna se atreve a dar el primer paso. Es una palabra del idioma yagán, ya extinguido, y tiene el récord Guinness de ser la palabra más concisa del mundo.

El lenguaje no verbal es fascinante y ha llamado la atención de todas las gentes en todas las partes del mundo desde tiempos inmemoriales. En cualquier momento alguien puede reparar en una mirada o un gesto que siempre ha estado ahí, pero nadie había detectado conscientemente. Siempre habrá una nueva forma de referirse a un gesto, un gesto nuevo o un nuevo significado para un gesto ya existente. Y las personas lo utilizarán para comunicarse entre ellas o para emplearlo como algo único que las une y diferencia del resto. Cuántas veces un simple gesto habrá cambiado por completo el devenir de una vida entera.

Llegarán nuevas maneras de comunicar, nuevos formatos y plataformas. Y en todos ellos podremos comunicar mejor adaptando y teniendo en cuenta el lenguaje del cuerpo.

Si has llegado hasta aquí, espero que hayas tomado conciencia de cómo el lenguaje no verbal te puede ayudar a mejorar tu modo de comunicarte contigo mismo y con el mundo que te rodea. A ser más convincente y persuasivo. A enviar mensajes más efectivos. A conectar mejor con las personas, entenderlas mejor y ser más empático. A saber si alguien de verdad se siente conectado contigo o no. Porque todo comunica, porque es imposible no comunicar.

¡Muchas gracias y hasta pronto!

Agradecimientos

Gracias a ti por tener este libro en las manos. Espero que disfrutes con él. Está hecho con todo el cariño, amor y seriedad del mundo. ☺

Gracias a todas y cada una de las personas que se han sumado y me han seguido en mi aventura en las redes sociales. Está siendo un viaje apasionante y sin vosotros no habría sido posible. Y seguramente tampoco habría existido este libro.

Gracias a los creadores de contenido que he ido conociendo en este camino tan apasionante de las redes, de los que he aprendido tanto y que tan bien me lo hacen pasar. Por compartir experiencias y vivencias. Gracias por haberos acabado convirtiendo en amigos y compañeros.

Gracias a los profesores que he tenido durante toda mi vida. A varios de vosotros os llevo en el alma, y la vuestra también está en este libro.

Gracias a toda la buena gente que he conocido a lo largo de mis más de veinte años de carrera. Compañeros, alumnos, clientes y un etcétera infinito. De quienes tanto he aprendido y con quienes tanto he compartido. Y lo que nos queda.

Gracias, Gemma, Pere, Alberto y Miquel, por haber prendido la llama de una historia que jamás imaginé que sería tan grande y tan bonita.

Gracias a mi gente de Salt por darme un lugar desde donde todo ha sido más fácil, más bonito, más feliz y más divertido.

Gracias, Alba, por tu apoyo, paciencia, profesionalidad, experiencia y ayuda. No sé cómo habría escrito este libro sin ti. Gracias también a todo el equipo de Penguin por el cariño y dedicación que he sentido que han dedicado a este libro.

Gracias, Ester, por el camino que hemos hecho juntos y por tu parte de culpa en todo esto.

Gracias a mi gente. Tan bonitos, necesarios y queridos, y que tanto tienen que ver con este libro. Al Komando El Papiol. A Little Army. A Jesús y Alberto. A los místers. A mi Sandra.

Gracias, Sergi, por ser alguien tan querible y tan imprescindible. Muy mal se nos tenía que dar para no ser unos cuñados top.

Gracias, mama, por ser la mejor madre del mundo.

Gracias, papa, por tu amor tan puro e incondicional. Ya ves, al final acabamos creyéndonos que podríamos lograr cualquier cosa que nos propusiéramos. Gracias por regalarme una parte de tu arte para tratar con la gente.

Gracias, *little vat*, por toda una vida *being always here to help me. I'm here to help you too. Que la Rechecracia sigui eterna, i que sempre quedin amors com el nostre que només es poden explicar amb una abraçada.*

Gracias, Álex y Aritz. Sois lo mejor de la vida.

«Para viajar lejos no hay mejor nave que un libro».

EMILY DICKINSON

Gracias por tu lectura de este libro.

En **penguinlibros.club** encontrarás las mejores
recomendaciones de lectura.

Únete a nuestra comunidad y viaja con nosotros.

penguinlibros.club

 penguinlibros